AF450723

SYSTÈME MÉTRIQUE

OU

LA NOUVELLE MÉTROLOGIE

RATTACHÉE A L'ANCIENNE,

AVEC TROIS PLANCHES

CONTENANT LES MESURES USUELLES,

A L'USAGE DES ÉCOLES SUPÉRIEURES ET DES ARTISANS,

PAR

L. PANISSET,

SOUS DIRECTEUR DE L'ÉCOLE PRIMAIRE SUPÉRIEURE
ANNEXÉE AU COLLÉGE DE VALENCE.

VALENCE,

IMPRIMERIE DE L. BOREL,

RUE DE L'UNIVERSITÉ, 1.

Janvier 1843.

A Monsieur

AVIGNON,

Recteur de l'Académie de Grenoble.

*Hommage de dévouement
respectueux.*

PANISSET.

PRÉFACE.

Deux mots pour indiquer l'origine, le but et le plan de cet opuscule.

Dans sa séance de juillet 1842, la Société de Statistique de la Drome posa cette question : *Vaut-il mieux pratiquer exactement le nouveau système métrique que de le rattacher à l'ancien ; et, dans le cas contraire, n'y aurait-il pas moyen de simplifier la conversion des anciennes mesures en nouvelles et réciproquement ?*

Cette question fut résolue, à la presqu'unanimité, dans un sens favorable à l'adoption pure et simple du nouveau système. — Qu'on ne me blâme pas d'avoir été d'un avis contraire; voici d'ailleurs mes raisons. L'ancien mode de pesage et de mesurage a été employé à-peu-près généralement jusqu'au 1er janvier 1840, bien que le nouveau système eût été décrété long-temps avant cette époque. Toute la génération actuelle a donc employé des mesures d'autant plus profondément inculquées dans les esprits, qu'elles ont été plus difficiles à apprendre ; et vouloir condamner toute une génération à renoncer à ses notions acquises, c'est quelque peu absurde et par trop prétentieux. Il est aussi impossible de contraindre un homme, quel qu'il soit, à rompre avec son passé, à scinder sa vie en deux parts, pour oublier entièrement la première, qu'il serait impossible de le contraindre à cesser d'être pour un instant, et à recommencer ensuite une nouvelle existence. Vraies ou fausses, nos idées font partie essentiellement intégrante de nous-mêmes. Acceptons-les donc pour ce qu'elles sont, tout en les redressant quand nous nous apercevons de leur fausseté, mais ne les laissons pas là comme un bagage inutile.

J'ai dit ailleurs que pour les enfans qui sont aujourd'hui sur les bancs, il faut leur enseigner exclusivement le nouveau système métrique. Ne connaissant pas l'ancien, ils n'auront pas à l'oublier, et pour eux la métrologie n'est pas chose plus difficile qu'une page de grammaire. Mais les anciens, mais les hommes au-dessus de quinze à vingt ans, ceux-là sont nécessairement obligés d'avoir recours à l'ancienne méthode, de faire des conversions de plus d'un genre, surtout ces nombreux artisans qui datent d'un temps où un aveugle pouvoir refusait aux masses l'instruction première que le Gouvernement de Juillet leur accorde si généreusement aujourd'hui. Tel artisan qui saura calculer exactement un nombre quelconque de toises, n'entendra rien à vos mètres carrés, et encore moins à leurs décimales. Que sera-ce s'il s'agit de mesures cubiques !

Il est donc incontestable que les conversions sont nécessaires, et c'est rendre service à l'industrie que d'en perfectionner les moyens. Ce n'est pas que cette difficulté soit bien grande, et, à la rigueur, elle n'existe pas, puisque dans tous les traités sur la matière on trouve des tables de conversion ; mais savoir se servir d'une table et savoir la former au besoin n'est pas la même chose. Or, j'ai donné un moyen très-simple de former les tables avec six nombres que l'on peut appeler *racines*. Toute la théorie du mètre carré en toises, en pieds, en pouces, en lignes carrés, et le cube de ces mesures, deviennent très-simples par la seule connaissance de l'appendice, page 24.

D'un autre côté, il est très-important de parler aux yeux en même temps qu'à l'esprit, car nos idées ont de puissans soutiens dans les signes. J'ai donc joint à cet opuscule les mesures les plus usuelles ; elles sont à une échelle très-réduite, il est vrai, mais assez grande cependant pour en donner une idée exacte. La première planche ne contient que des mesures de grandeur exacte, et celles-ci une fois bien comprises, les autres le seront facilement.

INTRODUCTION

AU

SYSTÈME MÉTRIQUE.

Les grandeurs, quelle que soit leur nature, ne peuvent être appréciées que par comparaison ; aussi, pour chacune d'elles, choisit-on un type destiné à les apprécier : ce type, qui était arbitraire, a pris le nom d'*unité*.

On lui a donné le nom d'*unité concrète*, lorsqu'on l'applique à une sorte de grandeur particulière, *un* arbre, *un* mètre, par exemple. On l'a nommé *unité abstraite*, lorsqu'on lui a laissé toute sa généralité, et l'on dit *un*.

Pour arriver à la formation de toutes les grandeurs, on a formé, à partir de l'unité primitive, soit en-dessus, soit en-dessous, de nouvelles unités qu'on pourrait appeler *collectives;* ainsi : la *dizaine* qui est formée de dix unités simples, et le *dixième* qui est également le dixième de l'unité simple ; puis la *centaine* qui vaut dix dizaines, et le *centième* qui est la dixième partie du dixième, etc.

L'ensemble des procédés imaginés pour établir ainsi la numération générale sur une base de subdivisions décimales, a reçu le nom de *système décimal.*

On appelle *calcul décimal* la composition et la décomposition des nombres croissant ou décroissant par décuples et par dixièmes.

Une *fraction décimale* est une partie plus ou moins grande de l'unité principale dans le système décimal.

Considérées sous ce point de vue général, les grandeurs se suivent sans interruption, depuis la plus petite jusqu'aux plus grandes ; les nombres s'étendent depuis 0, qui est l'infiniment petit, jusqu'à l'infiniment grand, et le système décimal embrasse ces grandeurs quelles qu'elles soient.

Pour arriver à exprimer convenablement une grandeur, nous emploierons l'ensemble de plusieurs unités d'ordres successifs procédant les unes des autres dans l'ordre décimal, et nous arriverons ainsi, d'une manière plus ou moins exacte, à la véritable expression de cette grandeur.

Prenons pour exemple un nombre écrit : il nous offrira d'une manière plus satisfaisante encore la liaison qui enchaîne les unes aux autres toutes les parties dont il est composé ; soit :

$$3428,5639 \; (^*)$$

(*trois mille quatre cent vingt-huit unités, cinq mille six cent trente-neuf dix-millièmes*).

En plaçant *huit* au rang destiné aux unités simples, et observant les conventions établies dans notre système de numération, les *deux dizaines* s'écrivent à la gauche de *huit*, et les *cinq dixièmes* à sa droite ; les *quatre centaines* à la gauche des dizaines, et les *six centièmes* à la droite des dixièmes ; enfin les *trois mille* à la gauche des centaines, et les *trois millièmes* à la droite des centièmes.

De là une concordance parfaite établie entre la génération des nombres et la manière de les représenter ; de là cette conséquence que dans un nombre écrit les différens ordres d'unités sont décuples l'un de l'autre et sans interruption en allant de droite à gauche, et procèdent par

---

(*) En écrivant un nombre, on fait suivre d'une virgule l'unité principale, pour la distinguer des autres. Il vaudrait mieux, à notre avis, la souligner ; on obtiendrait ainsi dans l'expression figurée du nombre une symétrie analogue à sa composition : 3428563̄9, et l'on faciliterait singulièrement la lecture aux enfans qui s'occupent de l'étude des mathématiques. Ils verraient *à la même distance* de ce signe, soit à droite, soit à gauche, des unités dont la valeur serait inverse par rapport à l'unité principale. Dans les pages qui vont suivre, nous remplacerons la virgule par le point, parce que la virgule peut se confondre avec 1, et que pour faire la lecture d'un nombre composé de plusieurs chiffres, on est dans l'habitude de le partager en tranches de trois chiffres par le moyen de la virgule.

dixièmes, au contraire, en allant de gauche à droite. La séparation établie entre l'unité principale et les autres unités est donc tout-à-fait arbitraire, et peut sans inconvénient être transportée à tous les ordres d'unités qu'on voudra, en prenant la dernière pour unité principale ; les autres occuperont alors la place qui convient à leur rapport avec la première.

Ainsi, le nombre déjà cité peut s'énoncer aussi :

dizaines
342,85639

(*trois cent quarante-deux dizaines, quatre-vingt-cinq mille six cent trente-neuf cent-millièmes de dizaine*); — et encore :

dixièmes
34285,639

(*trente-quatre mille deux cent quatre-vingt-cinq dixièmes, six cent trente-neuf millièmes de dixième*).

Il en serait de même pour toutes les transpositions de la virgule qu'on pourrait faire ; chacune d'elles déterminerait l'unité principale nouvelle, pour laquelle les chiffres à droite ne représenteraient plus que des fractions décimales de cette unité, et les chiffres à gauche représenteraient les unités décuples.

Ainsi, la génération, la formation et la numération des fractions décimales, ne sont autres que celles des nombres entiers, et l'enseignement des premières devrait être confondu entièrement avec l'enseignement des secondes dont rien ne doit les distinguer.

Ce ne sera qu'à partir du jour où des mesures analogues seront adoptées dans l'étude élémentaire des mathématiques, où les instituteurs voudront simplifier et généraliser en même temps leur enseignement, qu'on pourra espérer de développer chez les élèves une intelligence encore peu appropriée à cet ordre d'idées, et qu'on préparera pour l'avenir un intérêt qui, d'ordinaire, s'éteint aux premiers pas dans la carrière.

Ces observations suffisent, nous l'espérons, pour que nous nous croyons dispensé de traiter aucune des questions qui se rattachent aux opérations à faire sur les fractions décimales proprement dites, attendu que, pour nous, ces fractions n'existent pas.

Ainsi, 48,132 n'est évidemment que 48132 millièmes, le millième étant ici l'unité principale ; — 542,00 n'est autre chose que 54200 centièmes, et ainsi des autres nombres qu'on pourrait supposer.

Ajoutons à cela qu'avec la facilité que nous offre le 0 pour transformer les nombres décimaux en unités de même espèce, il nous sera toujours possible de ramener tous ces nombres, quels qu'ils soient, à une unité commune, et l'on comprendra que la marche des opérations à exécuter sur les nombres décimaux est absolument la même que celle qu'on a adoptée pour les opérations sur les nombres entiers. Aussi ne nous en occuperons-nous pas, et passerons-nous immédiatement au sujet principal que nous avons à traiter.

SYSTÈME MÉTRIQUE.

On appelle *système métrique décimal* un ensemble de principes d'après lesquels on a uniformément déterminé les mesures basées sur le *mètre*.

L'unité des mesures de longueur, la base du nouveau système, s'appelle *mètre*. Cette mesure correspond à la dix-millionième partie du quart du méridien terrestre, c'est-à-dire de la distance du pôle à l'équateur.

Cette distance du pôle-nord à l'équateur, mesurée avec la toise ancienne dite *du Pérou* (toise de 6 pieds), a été trouvée de 5.130.740 toises. Les savans chargés de déterminer la valeur du mètre ont pris la dix-millionième partie de ce nombre, qui est par conséquent de 0.5130740 de toise ou un peu plus d'une demi-toise, en s'en tenant à deux décimales, comme on le fait, sans trop d'erreur, dans la pratique.

Les unités principales du système métrique sont au nombre de six, savoir :

1° Le *mètre* (signifiant *mesure*), unité principale employée pour les mesures linéaires ou de longueur;

2° L'*are* (*area* aire, ou *arare* labourer), employé pour les mesures agraires ou de terrain;

3° Le *stère* (mesure de solidité), mètre cube employé pour les solides, particulièrement pour les bois de chauffage;

4° Le *litre* (en usage chez les Grecs), mesure de capacité, poids d'un décimètre cube d'eau distillée;

5° Le *gramme* (le plus petit poids de Grecs), poids d'un centimètre cube d'eau à 4° au-dessus de zéro;

6° Le *franc*, pièce d'argent monnayée, pesant cinq grammes, formée de 9/10 d'argent pur, et de 1/10 d'alliage (cuivre).

A ces six mesures principales, il faut en ajouter certaines autres qui, bien que n'étant pas ramenées au système décimal, sont cependant mesures usuelles et importantes. Ainsi, le temps n'a pas une division décimale ; elle n'est pas même régulière, puisqu'on a 12 mois pour l'année, 3o jours pour le mois, 24 heures pour le jour, 7 jours pour la semaine, etc. Il en est de même de quelques autres, et néanmoins il faut en tenir compte.

Multiples et sous-multiples du mètre.

Les multiples ou composés du mètre, ses sous-multiples ou subdivisions, sont formés au moyen de sept mots tirés du grec et du latin : 1° *Myria*, 2° *Kilo*, 3° *Hecto*, 4° *Déca*, 5° *Déci*, 6° *Centi*, 7° *Milli*, à la suite desquels on ajoute l'unité que l'on veut exprimer, et l'on a ainsi :

$$
\begin{aligned}
\text{Myria} &= \dots\dots\dots & 10000 \\
\text{Kilo} &= \dots\dots\dots & 1000 \\
\text{Hecto} &= \dots\dots\dots & 100 \\
\text{Déca} &= \dots\dots\dots & 10 \\[4pt]
\hline \\[-8pt]
\text{Déci} &= \dots\dots\dots & 10^{e} \\
\text{Centi} &= \dots\dots\dots & 100^{e} \\
\text{Milli} &= \dots\dots\dots & 1000^{e}
\end{aligned}
$$

Les multiples exprimant des valeurs de dix en dix fois plus grandes, et les sous-multiples de dix en dix fois plus petites, on appelle, pour cette raison, leur ensemble *système décimal* ; on l'appelle aussi *légal*, la loi l'ayant prescrit.

On le voit, *treize* mots seulement forment l'ensemble du système. Les six premiers peuvent être considérés comme nombres généraux, nombres générateurs ou de famille ; les sept autres comme secondaires ou particuliers. On a dit qu'il eût été plus simple d'employer des mots déjà en usage dans l'ancien système de mesures, et des mots français, et par conséquent plus faciles, plus familiers que des mots étrangers. Il est vrai qu'on aurait pu employer des dénominations en usage dans une localité quelconque, le choix eût même été assez large ; mais pour une localité pré-

(7)

férée, cent autres auraient fait entendre d'éternelles récla-
mations : mieux valait donc y renoncer et puiser en dehors.

En second lieu, c'est précisément parce que ces mots
ont été tirés de langues étrangères, mais universelles,
qu'ils pourront se transmettre de nation à nation sans trop
d'altération. Remarquons d'ailleurs que ce système n'a pas
été établi exclusivement pour la France, mais pour être
généralement répandu, puisque l'Institut nomma, en
1795, une commission dite *des poids et mesures*, composée
de vingt-deux savans, dont douze étrangers députés de
différens pays, et dix français, à l'effet de s'entendre sur
la formation d'un système général pouvant servir à toutes
les nations que représentaient ces députés. Il ne paraîtra
pas étrange de citer le nom de ces hommes illustres auxquels
la science doit tant de si belles découvertes. Les représen-
tans de la France furent Borda, Brisson, Coulomb-Darcet,
Delambre, Lagrange, Laplace, Lefèvre-Gineau, Prony,
Legendre et Méchain. Les étrangers furent Van-Swinden et
Ænex, représentant la république batave ; Balbo et ensuite
Vassali, représentant la Sardaigne ; Bugge, le Danemarck ;
Ciscar et Pedrayes, l'Espagne ; Fabbroni, la Toscane ;
Franchini, Mascheroni, Maltedo et Trallès, envoyés res-
pectifs des républiques romaine, cisalpine, ligurienne et
helvétique (*).

Le système général se rattache, comme on voit, directement au mètre, et on l'appelle pour cette raison *système*

(*) On s'étonnera, peut-être, de ce que l'Angleterre n'a point eu de
représentant à ce congrès scientifique. C'est que notre *magnanime alliée*
a voulu un système de mesures qui lui fût propre, afin de justifier son
humble titre de *reine intelligente des nations*. Elle a donc créé son système
métrique en le basant sur le pendule qui bat la seconde sexagésimale à
Londres. A en juger par l'identité de température, le mètre anglais est
plus court que le nôtre, attendu que le pendule sexagésimal n'est à Paris
que de 0^{m}99385. Mais l'Anglais a bâti sur le sable, car la mesure qu'il
croyait invariable selon les temps et les lieux, le pendule, suit les variations
de la température. Rien de fait, par conséquent, et un jour ou l'autre il
devra recommencer la besogne.

métrique. En effet, l'*are* est un carré ayant dix mètres de côté, contenant 100 mètres carrés, et la centième partie appelée *centiare* n'est que le mètre carré.

Le *stère* n'est autre chose qu'un mètre cube, c'est-à-dire un mètre sur toutes ses faces.

Le *litre* étant la capacité d'un décimètre cube, c'est-à-dire un carré dont chaque face est un décimètre, a le mètre pour base.

Le *gramme* est le poids d'un centimètre cube d'eau distillée et ramenée à son maximum de densité. Le gramme dérive donc directement du mètre.

Enfin, le *franc* ayant un poids absolu de cinq grammes, s'y rattache par la même raison.

Treize mots sont donc nécessaires et suffisans pour la nomenclature du système métrique.

CHAPITRE 1er.

§ 1er. *Mesures métriques linéaires.*

Les mesures linéaires ou de longueur sont de deux sortes; les unes servent pour les distances itinéraires (des routes), et les autres, servant pour les longueurs ordinaires, remplacent le pied, la toise, l'aune, etc. Les unes et les autres sont formées du mètre, ainsi qu'il suit :

Myriamètre =	10000 mètres.	
Kilomètre =	1000	*id.*
Hectomètre =	100	*id.*
Décamètre =	10	*id.*
Mètre =	1	*id.*
Décimètre =	10ᵉ partie du mètre.	
Centimètre =	100ᵉ	*id.*
Millimètre =	1000ᵉ	*id.*

Myriamètre et *kilomètre* désignent toujours les distances itinéraires ; l'*hectomètre* est moins usité.

Décamètre est d'usage dans l'arpentage ; ailleurs on dit mieux *dix mètres.* Ainsi, on dira tout aussi bien et mieux : *un mur de dix mètres de longueur,* que d'*un décamètre de longueur.*

Le *mètre*, qui est comme la mesure par excellence et la base de notre beau système, remplace l'aune dont il est environ les cinq sixièmes, la toise dont il est un peu plus de la moitié; et ses subdivisions (*décimètres* et *centimètres*) remplacent le pied, les pouces, les lignes.

Mesures linéaires effectives.

On appelle *mesures effectives* ou *réelles*, celles qui existent réellement dans la pratique, telles que celles du tableau ci-dessous. Les autres sont simplement des mesures de compte. Ainsi, il n'existe point de mesure réelle d'un myriamètre, d'un kilomètre, qui ont été déterminés sur une longueur quelconque par le moyen d'une mesure plus petite dite *effective*. Ce sont de simples composés du mètre.

Tableau des Mesures effectives de longueur, en bois, en métal ou autre matière, de forme ad libitum.

NOMS DES MESURES.	ERREURS TOLÉRABLES en plus	
	pour les mesures en bois.	pour les mesures métalliques.
	millim.	millim.
Double-décamètre ⎫ en forme	»	3
Décamètre . . . . ⎬ de chaîne.	»	2
Demi-décamètre . ⎭	»	1.5
Double-mètre	1.5	0.2
Mètre	1	0.1
Demi-mètre	0.6	0.1
Double-décimètre	0.4	0.1
Décimètre	0.3	0.1

(10)

Le *décamètre* ou *chaîne d'arpenteur* (planche I, fig. 1)
est une chaîne métallique composée de cinquante tiges de
2 décimètres chacune, unies les unes aux autres par de
petits anneaux, et terminées aux deux extrémités par deux
boucles ou poignées. Les anneaux qui terminent chaque
mètre sont de cuivre, pour les distinguer des autres.

Il existe aussi le *double-décimètre* (planche I, fig. 2) et le
demi-décamètre.

On fabrique encore des décamètres en ruban gommé,
qui s'enroulent dans un étui cylindrique, et portant les
subdivisions jusqu'aux millimètres; mais, comme ces ru-
bans sont sujets à s'altérer et à s'alonger, les mesures de
ce genre ne sont point autorisées.

Il y a ensuite le *double-mètre* en bois, divisé en décimètres
et en centimètres; le *mètre* en bois, en forme de règle
plate ou carrée, divisé en décimètres, centimètres, millimètres. (Les mètres ordinaires ne portent la subdivision
en millimètres que sur un décimètre et même sur un
centimètre).

Les *mètres* brisés ou plians, en baleine, en bois ou en
cuivre (planch. I, fig. 3), sont très-communs et bien commodes; mais il faut observer que les mètres en cuivre sont
sujets à se courber et par conséquent à se fausser.

Les *doubles-décimètres* et les *décimètres* en cuivre, en ivoire
ou en bois, sont ordinairement en forme de prisme trian-
gulaire (planche I, fig. 4) et subdivisés en .centimètres
et en millimètres. Ils sont fort commodes pour le dessin
linéaire. Pour les plans ordinaires, on peut même se servir
du double-décimètre en place d'échelle, en comptant un
millimètre, deux millimètres, pour représenter un mètre
de terrain. Avec un peu d'exercice on acquiert assez vite
un grand degré d'exactitude.

Le millimètre correspond à une demi-ligne faible, de
manière que 12 lignes anciennes valent, à peu de chose
près, 27 millimètres, comme nous le verrons ci-dessous.

Dans le calcul, il est souvent question de *dix-millièmes*,
de *cent-millièmes*, etc., et l'on aurait souvent tort de

négliger ces unités, si faibles en apparence, parce que dix
dix-millièmes valent un millième, et cent dix-millièmes
un centimètre, etc.; mais dans la pratique on ne peut pas
diviser indéfiniment, comme on le peut toujours en théorie.

§ 2. *Mesures itinéraires.*

Lorsqu'il s'agit d'évaluer une grande étendue géogra-
phique, telle que la distance d'un lieu à un autre, on se
sert du myriamètre, du kilomètre, de l'hectomètre, qu'on
appelle *mesures itinéraires.* Ces mesures sont employées indifféremment l'une pour l'autre, car on dit également
13 myriamètres 3 kilomètres (distance de Lyon à Lons-le-
Saulnier), 133 kilomètres, ou encore 10 myriamètres 33
kilomètres.

La distance d'un lieu à un autre étant exprimée par
l'expression des mesures ci-dessus, elle est marquée sur
les routes par des bornes-pierre en forme de pyramide
tronquée rectangulaire, sur lesquelles est marquée la distance à exprimer. Les bornes indiquant les kilomètres sont
plus grandes que celles qui indiquent les demi-kilomètres.
Il eût été à désirer qu'on y indiquât le point de départ.

Selon Binet de Sainte-Preuve, un homme parcourt à pas
ordinaire 1 mètre 50 centimètres en une seconde, soit 90
mètres par minute, 540 mètres par heure, 12960 par jour.
Le tour du globe étant de 9000 lieues terrestres de 2280
toises ou 4000 myriamètres, un voyageur mettra donc en
secondes 26.666.666 2/3, ou en minutes 444.444.44, ou en
heures 7.407.40, ou en jours 308.641, et en mois 10 mois
288 pour en faire le tour. Mais il faudrait supposer que ce
voyageur pût marcher 24 heures par jour, sans s'arrêter un
seul instant, et surtout qu'il pût suivre la ligne équatoriale,
toutes choses qui présentent des difficultés insurmon-
tables (1).

---

(1) L'*unité dynamique* est le travail consommé pour l'élévation d'un
poids x à une hauteur déterminée dans un temps donné. La plus généralement admise est celle-ci : 1000 kilog. élevés à 1 mètre en 1 seconde —
ou 1 kilog. élevé à 1 mètre en 1 seconde. Cette dernière unité s'appelle

§ 3. *Origine du mètre. — Son rapport avec les mesures anciennes.*

Le mot *mètre* (tiré du grec *mesure*) est pris dans la nature. Il est la dix-millionième partie de l'arc du méridien terrestre compris entre le pôle et l'équateur. Cet arc n'a pas été mesuré en entier, et il ne le sera jamais en réalité, puisqu'il n'est pas possible d'aller faire des opérations jusque sous les glaces du pôle; mais la valeur de cet arc a été conclue des parties que les savans français ont mesurées en France, en Espagne, dans les plaines de Quito, sous l'équateur en Amérique (planche I, fig. 5).

Le quart du méridien ayant été trouvé de 5130740 toises, la dix-millionième partie de cet arc, c'est-à-dire le mètre, est donc la fraction de toise 0.5130740, ou pour la pratique 0.513, ou tant soit peu plus d'une demi-toise. Avant d'aller plus loin, remarquons que le kilomètre vaut par conséquent 513 toises, et que les 4 kilomètres valent 2052 toises, soit 52 toises de plus que la lieue de poste, et que le myriamètre vaut 5130 toises, ce qui fait juste 2 lieues un quart anciennes de 25 au degré, c'est-à-dire 2280 toises qui multipliées par 2 1/4 = 5130 toises.

Donc, pour convertir un nombre quelconque de myriamètres en lieues anciennes ordinaires, il suffit de multiplier le nombre de myriamètres par 2 1/4. On trouve ainsi que 65 myriamètres $\times$ 2.25 = 146 lieues 1/4; 58 myriam. 5 (distance de Paris à Brest) $\times$ 2 1/4 lieues = 131.6.

Au contraire, pour convertir un nombre quelconque de lieues ordinaires en myriamètres, il suffit de les diviser par

---

kilogrammique. — Un homme de moyenne taille, pesant 65 kilog., peut marcher pendant 10 heures par jour, parcourant 1^m50 en 1 seconde, ce qui fait 54000 mètres par jour. Ce travail est donc par seconde de 65 kilog. $\times$ 1.50 = 97.50 unités; et comme il y a 36000 secondes dans le jour, la journée de cet homme serait de 3510 unités dynamiques chacune de 1000 kilog. à 1 mètre en 1 seconde. (Binet de Sainte-Preuve, *Traité de Mécanique*, 9e leçon.)

(13)

2 1/4 (ou par 9, en réduisant le diviseur en quarts, et multipliant le dividende par 4). Exemples :

250 lieues en myriamètres, 250 : 2 1/4 = 1000 : 9 = 111.1
70 lieues en myriamètres, 70 : 2 1/4 = 280 : 9 = 31.3

La circonférence de la terre est de 9000 lieues ; elle sera donc en myriamètres 9000 : 2 1/4 = 36000 : 9 = 4000 myriam. Mais le myriamètre vaut 10.000 mètres. En multipliant ces 4.000 myriamètres par 10.000, c'est-à-dire en y ajoutant 4 zéros, on aura 40.000.000 de mètres pour la circonférence totale de la terre. Le quart de cette somme, 10.000.000 de mètres, sera donc le quart de la circonférence terrestre, ou la distance du pôle à l'équateur. Si l'on prend la dix-millionième partie de ce quart du méridien (en séparant 7 zéros), on obtient 1 pour quotient, c'est-à-dire 1 mètre, puisque le mètre est la dix-millionième partie du pôle à l'équateur.

Nous avons trois sortes de lieues, déterminées ainsi qu'il suit :

La distance du pôle à l'équateur étant, comme on l'a déjà vu, de 5.130.740 toises, et le quart de la circonférence de 90 degrés, chaque degré vaut donc la quatre-vingt-dixième partie de ce nombre ; par conséquent, en divisant 5130740 par 90, le quotient 5.7008.22 exprime la valeur du degré en toises. On est convenu de prendre la 20ᵉ partie de ce nombre pour la lieue marine de 2850 toises, la 25ᵉ partie pour la lieue terrestre ou lieue ordinaire de 2280 toises, et enfin la 28.50ᵉ partie pour la lieue de poste de 2000 toises.

Puisque la lieue marine vaut en mètres 5554.650 millièmes (produit de 2850 toises par 1.949), elle vaut en kilomètres 5.555, en augmentant d'une unité la dernière décimale.

De même, puisque la lieue terrestre vaut en mètres 4443.720 (produit de 2280 par 1.949), elle vaut en kilomètres 4.444, en faisant la même augmentation que ci-dessus quant à la dernière décimale.

Enfin, puisque la lieue de poste vaut en mètres 3898, elle vaut en kilomètres 3.898.

Le mètre en toise valant 0.5130740, ou par la pratique 0.513, on dit donc que la fraction 0.513 exprime le rapport du mètre à la toise, ou, en d'autres termes, la valeur du mètre en toise.

0.5130740 × 6 = mètre en pieds = 3.078444 = 3.078
3.078444 × 12 = mètre en pouces = 36.941328 = 36.94
36.941328 × 12 = mètre en lignes = 443.295936 = 443.296

Le simple déplacement du point donnera sur-le-champ la valeur du décimètre, du centimètre, du millimètre en lignes.

Mètre en lignes 443.296 ou simplement 443.3.

Décimètre (10 fois moins) 44.33 ou 44 1/3 = 3 p. 8 l. 1/3.

Centimètre (10 fois moins) 4.43 ou 4 lignes 1/2 faibles.

Millimètre (10 fois moins) 0.44 ou un peu moins d'une demi-ligne; de manière qu'il faut 27 millimètres pour valoir 12 lignes.

Au moyen des quatre rapports ci-dessus, on peut convertir un nombre quelconque de mètres en toises, en pieds, en pouces, en lignes. Pour 2 mètres, on prendra 2 fois la valeur du mètre en toise, si l'on cherche des toises; 2 fois la valeur du mètre en pieds, si l'on cherche des pieds; pour 3, 4 mètres, 3, 4 fois cette valeur. *Exemples :* 5 mètres en toises = 0.513 × 5 = 2.565. — 3 mètres en pouces = 36.94 × 3 = pouces 110.82. — 40 mètres 50 centimètres (hauteur de la colonne Vendôme) en pieds = 3.078 × 40.50 = pieds 124 2/3, ou 8 pouces.

L'aune de Paris valait 3 pieds 7 pouces 10 lignes 5/6 de ligne, ou 526.83 lignes. Or, le mètre ne vaut que 443.296 de ligne. Si l'on divise la valeur du mètre par celle de l'aune, soit 443.296 par 526.83, le quotient 0.84 exprimera le rapport du mètre à l'aune, et donnera le moyen de convertir un nombre quelconque de mètres en aunes. *Exemple :* 7 mètres = 0.84 × 7 = 5.88 aunes. La conversion des mètres et fractions de mètre n'offre pas plus de difficultés. *Exemple :* 6 mètres 30 cent. = 0.84 × 6.30 = 5.292 aunes.

Réciproquement, l'aune divisée par le mètre donne l'aune en mètre, c'est-à-dire 526.833 par 443.296 = 1.888, rapport qui donnera aussi le moyen de convertir un nombre quelconque d'aunes en mètres ; car 4 aunes vaudront, par exemple, 4 fois plus que 1.188, 10 aunes dix fois plus. Donc 4 aunes en mètres = 1.188 × 4 = 4.752 mètres. 10 aunes en mètres = 1.188 × 10 = 11.88 mètres.

On a rarement besoin d'opérer la conversion des nouvelles mesures en anciennes. On sait surtout éviter cela dans les écoles, et y pratiquer franchement le système métrique. Mais ces mêmes rapports du mètre aux anciennes mesures donnent le moyen de trouver facilement le prix du mètre ; celui de la toise, du pied, etc., étant donné.

RÈGLE. *Le prix de la toise, du pied, de l'aune étant donné, multipliez le prix de l'unité ancienne par le nombre qui exprime la valeur du mètre en cette unité ancienne.*

1er *Problème.* Le prix de la toise étant de 5 fr., quel sera le prix du mètre ?

Solution. Puisque le mètre vaut en toise 0.513, de même aussi il ne vaut que les 0.513 de 5 francs. Or, il faut se rappeler que, pour prendre une partie quelconque d'un nombre, il suffit de multiplier ce nombre par la fraction qui indique la partie qu'on veut avoir, car on démontre en arithmétique que multiplier par une fraction, c'est réellement prendre une partie du multiplicande (entier ou fraction peu importe) marquée par la fraction multiplicateur. Ainsi les 0.5 (ou 1/2) de 14 = 14 × 0.5 = 7, ou la moitié de 14. D'après cela, on prend les 0.513 de 5 fr. (prix de la toise) en multipliant 5 par 0.513 = fr. 2.565 ou 2 fr. 56 cent.

2e *Problème.* Le prix de la toise étant 2 fr. 50 cent., quel sera le prix du mètre ?

Réponse. 2.50 × 0.513 = fr. 1.282 = fr. 1.28 c.

3e *Problème.* Le prix du pied étant 1 fr. 25 c., quel sera le prix du mètre.

Réponse. 1.25 × 3.078 = 3.847 = 3 fr. 84 c., ou mieux 3 fr. 85 c.

4e *Problème.* Le prix de l'aune étant 8 fr., quel sera le prix du mètre ?

Réponse. Le mètre étant 0.84 de l'aune, le prix du mètre sera 8 × 0.84 = 6 fr. 72 c.

5⁰ *Problème.* Le prix de l'aune étant 1 fr. 35 c., quel sera le prix du mètre ?

Réponse. 1.35 × 0.84 = 1 fr. 13 c.

En général, quand on veut chercher le prix de l'unité nouvelle, le prix d'une unité ancienne étant donné, ou réciproquement, il est très-à-propos de se poser cette question avant d'opérer : *Le prix cherché doit-il être plus fort ou moins fort que le prix de l'unité ancienne?* Oui, le produit cherché doit être plus fort que l'unité, si l'unité nouvelle (mètre, kilogramme, etc.) est plus forte que l'unité ancienne ; mais il doit être plus faible, si l'unité nouvelle est moindre que l'ancienne dont le prix est donné.

Si le prix cherché doit être plus fort, on doit nécessairement multiplier le prix de l'unité ancienne par un rapport plus grand que 1 ; mais si le prix cherché doit être plus faible, le prix de l'unité ancienne doit être multiplié par un rapport moindre que 1.

Ainsi, le mètre n'étant à-peu-près que la moitié de la toise, il est évident qu'on ferait une erreur si, pour avoir le prix du mètre, on multipliait celui de la toise par une fraction approchant de l'unité ou par un nombre plus fort.

Au contraire, le mètre étant environ trois fois plus fort que le pied, il est clair que pour passer du prix du pied à celui du mètre, on devra nécessairement multiplier par un rapport qui approche trois unités.

On voit que ces remarques ne font pas connaître le véritable résultat que l'on cherche, mais qu'elles sont très-propres à mettre sur la voie et à préserver les élèves des erreurs grossières qu'ils commettent si fréquemment.

Mais on a souvent besoin de passer des anciennes mesures aux nouvelles. On suit alors la même marche, c'est-à-dire qu'on multiplie le nombre qui exprime le rapport d'une unité ancienne en nouvelles par le nombre d'unités anciennes que l'on veut changer en nouvelles.

1ᵉʳ *Problème.* Soit par exemple 8 toises à exprimer en mètres.

Solution. Il est évident qu'on obtiendra facilement 8 toises en mètres en multipliant par 8 la valeur d'une seule toise en mètre. On trouve cette valeur ou rapport en divisant la toise en lignes par le mètre en lignes. Toise = 864 lignes divisées par 443.296 = 1.949; 8 toises valent par conséquent 1.949 × 8 = 15^{mèt}632.

Le pied en mètre doit valoir évidemment 6 fois moins que la toise en mètre. On aura donc ainsi le pied en mètre : 1.949 divisé par 6 = 0.3248.

Le pouce, 12 fois plus petit que le pied, = 0.3248 : 12 = 0.027. Enfin, la ligne, valant 12 fois moins, = 0.027 : 12 = 0.0022.

Les unités linéaires anciennes valent donc en *mètre* :

Toise = 1.949 ou approximativement 1.95.

Pied = 0.3248 ou approximativement 0.32.

Pouce = 0.027   *idem.*

Ligne = 0.0022   *idem.*

Au moyen de ces quatre rapports, on passe facilement d'un nombre quelconque de toises, pieds, pouces, lignes, en mètres.

2e *Problème.* Réduire en mètres la hauteur de la *Dôle*, point culminant du Jura, cette hauteur étant de 5.177 pieds 1/4, soit 5177.25 pieds.

Solution. 0.3248 (valeur d'un seul pied en mètre) × 5177.25 = 1681.57 mètres.

3e *Problème.* Exprimez en mètre la taille d'un homme qui a 5 pieds 4 pouces 10 lignes.

Solution. 5 pieds en mètre = 0.324 × 5 = 1.620
    4 pouces en mètre = 0.027 × 4 = 0.108
    10 lignes en mètre = 0.0022 × 10 = 0.022
                            —————
                             1.750

La taille de cet homme sera de 1 mèt. 75 centim.

Ces mêmes rapports serviraient à trouver le prix de l'unité ancienne, celui du mètre étant donné. Car il est clair que si l'unité ancienne est plus forte, le prix de l'ancienne doit être plus fort. Ainsi, la toise étant 1^{m}95,

2

le prix de la toise est 1 franc et 95 centièmes de fois celui du mètre ; soit donc celui du mètre 12 fr., on aura prix de la toise 12 × 1.95 = 23.40 ; mais on a rarement besoin de ces changemens à présent.

CHAPITRE II.

Mesures de surface ou de superficie.

On appelle *mesures de superficie* celles qui servent à évaluer l'étendue considérée sous les deux dimensions de longueur et de largeur. Elles sont au nombre de deux, que l'on désigne sous le nom de *mesures agraires* ou *de superficie* proprement dites, et de *mesures topographiques* ou *de pays.*

L'unité principale des mesures agraires est l'*are*, carré de 10 mètres de côté, ayant par conséquent 100 mètres carrés. La centième partie d'un are, qui n'est autre chose, comme on le voit, que le mètre carré, s'appelle *centiare*.

L'are n'a qu'un multiple, l'*hectare*, que l'on forme en supprimant l'*o*, pour ne pas dire avec un hiatus *hectoare*. Cette mesure n'a aussi qu'un sous-multiple, le *centiare*.

En ce qui concerne l'are, l'usage a prévalu sur la nomenclature systématique, car on dit *dix ares, mille ares,* au lieu de *décaare, kiloare,* etc. On dit aussi *dix mille ares* ou *cent hectares,* au lieu de l'expression *myriaare.*

Les sous-multiples au-dessous du centiare sont trop petits pour être employés.

L'unité des mesures de *superficie* proprement dites est le mètre carré, c'est-à-dire un carré ayant un mètre sur chacune de ses quatre faces. Les multiples et sous-multiples de cette dernière espèce de mesures sont :

Le myriamètre carré = surface de 10.000 × 10.000 ou 100.000.000 de mètres carrés ;

Le kilomètre carré = surface de 1.000 × 1.000 ou 1.000.000 de mètres carrés ;

L'hectomètre carré = surface de 100 × 100 ou 10.000 mètres carrés ;

Le décamètre carré = surface de 10 × 10 ou 100 mètres carrés ;

Le mètre carré, unité principale ;

Le décimètre carré = carré d'un décimètre de côté (il y en a 100 dans le mètre carré) ;

Le centimètre carré = carré d'un centimètre de côté (il y en a 100 dans le décimètre carré et 10.000 dans le mètre) ;

Le millimètre carré = carré d'un millimètre de côté (il y en a 100 dans le centimètre carré, 10.000 dans le décimètre, et enfin 1.000.000 dans le mètre).

D'après ce tableau, on voit quelle erreur on commettrait en prenant :

1° Un décimètre carré pour un dixième de mètre carré ;

2° Un centimètre carré pour un centième de mèt. carré ;

3° Un millimètre carré pour un millième de mètre carré, etc.

Car, 1° le mètre carré contenant cent décimètres carrés (10 × 10 = 100), le dixième du mètre carré contient, par conséquent, 10 décimètres carrés et vaut 10 fois plus ;

2° Le mètre carré valant 10.000 centimètres carrés (100 × 100), le centième du mètre carré contient, par conséquent, 100 centimètres carrés, et vaut 100 fois plus ; de plus, le centième du mètre carré = un décimètre carré ;

3° Le mètre carré valant 1.000.000 de millimètres carrés (1000 × 1000), le millième du mètre carré contient, par conséquent, 1000 millièmes et vaut 1000 fois plus.

Il en est de même des expressions 10 *mètres carrés*, et 10 *mètres* en *carré*. La première indique une surface qui contient 10 mètres carrés ; tandis que la seconde désigne un carré de 10 mètres de côté, ayant par conséquent 100 mètres carrés de surface.

La surface d'un carré s'obtenant en carrant la base, donne ce qu'en arithmétique on appelle le *carré d'un nombre*, et telle est sans doute l'origine de cette expression appliquée au produit de deux facteurs.

Un carré de 5 mètres de côté contient 5 × 5 ou 25 mètres carrés.

On se trompe donc quand on dit qu'un carré est double, triple, quadruple d'un autre, parce qu'il a un côté double, triple, quadruple. En général, les surfaces des carrés sont entre elles, non pas comme leurs bases, mais comme les carrés numériques de ces bases.

Relativement aux décimales, il n'en est pas des mesures à double dimension comme des mesures de longueur : celles-ci donnent à droite du point au premier chiffre les dixièmes, au second les centièmes, au troisième les millièmes. Les mesures à double dimension, au contraire, veulent les deux premiers chiffres à droite du point pour les dixièmes de l'unité principale ; le 3ᵉ et le 4ᵉ pour les centièmes ; le 5ᵉ et le 6ᵉ pour les millièmes, etc. En un mot, chaque décimale est représentée par une tranche de deux chiffres, et quand leur nombre est impair, on le complète par l'addition d'un zéro. Ainsi, soit à exprimer six mètres carrés huit décimètres carrés et neuf centimètres carrés, on écrira 6,8090. La raison en est bien simple : il faut cent décimètres carrés pour un mètre carré, cent centimètres carrés pour un décimètre carré, cent millimètres carrés pour un centimètre carré. Donc 99 décimètres carrés, qui, dans les mesures de longueur, donneraient 9 mètres 9 décimètres, ne valent pas même un mètre carré, parce qu'il en faudrait 100. Par la même raison, 99 centimètres carrés ne valent pas un décimètre carré, qui en contient 100. Il en est de même des millimètres carrés. Toute la théorie des mètres carrés se réduit à ces simples observations.

Les mesures topographiques, au nombre de trois : le *myriamètre*, le *kilomètre* et l'*hectomètre*, sont spécialement employées pour exprimer les distances ou les grandes surfaces.

Le myriamètre carré = 100 kilomètres carrés, ou 10.000 hectomètres carrés, ou 1.000.000 de décamètres carrés, ou 100.000.000 de mètres carrés.

Le kilomètre carré = 100 hectomètres carrés, ou 10.000 décamètres carrés, ou 1.000.000 de mètres carrés.

L'hectomètre carré = 100 décamètres carrés, ou 10.000 mètres carrés.

La théorie des fractions de mètres carrés ci-dessus s'applique sans différence aucune aux mesures topographiques, c'est-à-dire que l'on prend les deux premiers chiffres à droite du point pour exprimer les dixièmes de l'unité employée, les deux suivans, c'est-à-dire encore le 3ᵉ et le 4ᵉ, pour les centièmes, ainsi de suite.

Exemples de calcul.

Soit une surface, un champ si l'on veut, ayant 16ᵐ4 de base et 9ᵐ3' de hauteur. Pour avoir la superficie de ce terrain, on multipliera la base par la hauteur d'après le principe énoncé ci-dessus, c'est-à-d. 16.4 × 9.3 = 152ᵐ52 carrés. On a donc 152 mètres carrés et 52 centimètres carrés. N'oublions pas qu'il faut cent unités de cette dernière espèce pour un mètre carré. On peut lire aussi 1 *are* 52 *centiares et demi* environ.

Que si l'on voulait connaître non-seulement la surface d'un champ, mais encore son rapport en légumes quelconques, blé, pommes de terre, céréales, etc., il n'y a pas grande difficulté. Supposons qu'il s'agisse de pommes de terre, tubercule partout cultivé.

Il faut d'abord admettre que le produit moyen d'un terrain est de 280 hectolitres par hectare, dont le prix moyen est de 4 fr. l'hectolitre, et que les frais d'exploitation sont les 6/10 du produit brut.

L'hectare, avons-nous dit, ou 100 × 100 = 10.000 mètres carrés, rapporte 280 hectolitres. Si l'on prend pour exemple le champ que nous venons de mesurer, nous établirons cette proportion : 10.000 : 280 :: 152.52 : x; d'où x = 4.2705.60 hectolitres. Retranchons de ce produit les 6/10 pour frais de culture, il vient 4.2705 × 6/10 = 2.56233, c'est-à-dire 2 hectolitres 56 litres 23 centilitres, etc. Multipliant ce produit par 4 fr. prix de l'hectolitre, il vient enfin 2.56233 × 4 = 10 fr. 24932 ou 10 fr. 25 c. pour revenu net. Ainsi des autres productions.

Exemples de calcul de réduction d'anciennes mesures
en nouvelles.

Quelle est en nouvelles mesures la valeur de 2 toises carrées — 5 pieds carrés — 23 pouces carrés — 200 lignes carrées ?

Pour faire cette réduction, il faut se rappeler la valeur en mètre de la toise, du pied, du pouce, de la ligne. (Voir cette valeur à la page 37.)

Solution :

$$2 \times 3.7987 = 7.5974$$
$$5 \times 0.10552 = 0.52760$$
$$23 \times 0.00073279 = 0.01685417$$
$$200 \times 0.000005089 = 0.00101780$$
$$\overline{8.14287197}$$

Le produit donne 8 mèt. carrés, 14 décim. carrés, 28 centim. carrés, 71 millim. carrés, etc.

Réciproquement, quelle est en anciennes mesures la valeur de 5 mètres carrés — 4231 centimètres carrés ?

$$5 \times 0.263245 = 1.316225$$
$$42 \times 0.00263245 = 0.11056290$$
$$31 \times 0.0000263245 = 0.000816059 5$$
$$\overline{1.4276039595}$$

On pourrait aussi, au lieu de faire trois opérations successives, n'en faire qu'une seule, ainsi qu'il suit :

$$5.4231$$
$$263245$$
$$\overline{}$$
$$271155$$
$$216924$$
$$108462$$
$$162693$$
$$325388$$
$$108462$$
$$\overline{1.4276039595}$$

On a le même produit que dans la triple multiplication ci-dessus, et la fraction s'évalue de la même manière.

Le produit donne 1 toise carrée et la fraction qu'il faut évaluer en fraction ordinaire de toise carrée. Puisque la toise
carrée vaut 36 pieds carrés, il faut multiplier cette fraction par
36, ce qui donne 4276039595 × 36 = 15 pieds carrés
+ 3937425420. Si l'on multiplie cette dernière fraction par
144, valeur du pied carré en pouces carrés, on aura
3937425420 × 144 = 56 pouces carrés + 6989260480. Si l'on
multiplie encore cette dernière fraction par 144, valeur
du pouce carré en lignes carrées, on aura 6989260480
× 144 = 100 lignes carrées + 5453509120. Ainsi 5 mètres
carrés + 4231 centimètres carrés valent donc 1 toise 15
pieds 56 pouces 100 lignes carrés et 54 centièmes de
ligne carrée plus la fraction.

Les mesures topographiques anciennement employées
étaient la perche et l'arpent, pour les plus générales.

La perche de Paris valait 18 pieds de côté, et la perche
des eaux et forêts 22 pieds. Si l'on multiplie respectivement
chacun de ces nombres par lui-même, on trouve que la
perche de Paris vaut 324 pieds carrés (18 × 18), et celle
des eaux et forêts 484 (22 × 22).

L'arpent vaut 100 perches, et par conséquent l'arpent
de Paris = 32400 pieds carrés, et l'arpent des eaux et forêts
= 48400 pieds carrés.

Tableau comparatif des anciennes mesures en nouvelles.

	PIEDS CARRÉS.	TOISES CARRÉES.	MÈTRES CARRÉS.	ARES.
Perche des eaux et forêts.	484	13.44	51.07	0.5107
Arpent des eaux et forêts.	48400	1344.44	5107.20	51.0720
Perche de Paris	324	9	34.19	0.3419
Arpent de Paris.	32400	900	3418.87	34.1887
Are	947.7	26.32	100	1. »
Hectare	94768.2	2632.45	10000	100. »

Appendice du Chapitre II.

On a parfois besoin de comparer les nouvelles mesures avec celles qu'on employait autrefois pour les surfaces. Il est donc important d'en connaître le rapport. Mais hâtons-nous de dire que les lignes suivantes doivent rester étrangères aux élèves, qui n'ont aucun besoin de les voir. Ce n'est que pour les hommes de la génération actuelle que ces lignes sont écrites ; car, ne nous le dissimulons pas, on a encore besoin de faire des réductions, et l'on en fera encore long-temps. Seuls, les adolescens qui sont aujourd'hui sur les bancs des écoles pourront et devront appliquer le nouveau système métrique sans le rattacher à l'ancien. Nous le répétons donc, ce n'est pas pour eux que nous plaçons ici cet appendice.

Nous avons vu dans un chapitre précédent la valeur de chacune des anciennes mesures considérées en longueur seulement. Elles peuvent toutes se reproduire sous les deux dimensions de *longueur* et de *largeur ;* voici comment :

La toise carrée vaut en mètre carré $3^m7987 = (1.949^2)$

Le pied carré =   *idem* $0.105495 = (0.3248^2)$

Le pouce carré =   *idem* $0.000732 = (0.02706^2)$

La ligne carrée =   *idem* $0.00000484 = (0.0022^2)$

Le mètre carré = en toise carrée $0^t.26324 = (0.5130740^2)$

Le mètre carré = en pieds carrés $9^p.47682 = (3.0784^2)$

Le mètre carré = en pouces carrés $1364^{po}.66 = (36.9413^2)$

Le mètre carré = en lignes carrées $196511^l.00 = (443.296^2)$

Il en est de même des mesures considérées sous les trois dimensions de *longueur*, de *largeur* et de *hauteur*, qu'on appelle *cube*. C'est encore le même tableau qui les donne. On trouve ainsi que

La toise cube vaut en mètres cubes $7.4039 = (1.949^3)$

Le pied cube =   *idem* $0.0342 = (0.324^3)$

Le pouce cube =   *idem* $0.0000198 = (0.02706^3)$

La ligne cube =   *idem* $0.000000114 = (0.0022^3)$

Le mètre cube vaut en toise cube o.1350 = (0.5130740^3)

Le mètre cube = en pieds cubes = 29.1730 = (3.0784^3)

Le mètre cube = en pouces cubes = 50412.42 = (36.9413^3)

Le mètre cube = en lignes cubes = 87112625.00 = (443.296^3)

Il est difficile de retenir aisément et de mémoire tous ces nombres, mais au moins il est facile de les retrouver quand on connaît bien le premier tableau des mesures de longueur.

Maintenant, si l'on avait une chambre de 6 mètres de longueur, 4 de largeur et 3 de hauteur, de laquelle on voulût connaître la capacité, on aurait

$$6 \times 4 \times 3 = 72 \text{ mètres cubes.}$$

Mais, quand les dimensions d'un volume rectangulaire sont exprimées par des mètres et des fractions décimales de mètre, on rend toutes ces mesures uniformes en les ramenant à l'espèce de la plus petite, puis on multiplie, comme dans le premier cas, les trois dimensions l'une par l'autre.

Exemple :

Soit une longueur de 6 mètres 2 décimètres,

largeur de 4 mètres 5 décimètres,

hauteur de 3 mètres 1 décimètre 5 centimètres.

Il faut convertir le tout en centimètres, espèce la plus petite, et l'on a

longueur 620 centimètres,

largeur 450 *id.*

hauteur 315 *id.*

Ces trois dimensions multipliées l'une par l'autre donnent 87.885000, c'est-à-dire $87^m 885^d 000^c$ cubes, parce que, comme nous l'avons dit, les trois premiers chiffres après le point expriment les décimètres, et les centimètres ne sauraient trouver place que dans les trois suivans.

CHAPITRE III.

Mesures de volume ou de solidité.

L'étendue considérée sous les trois dimensions de longueur, de largeur et de hauteur, constitue les mesures de solidité. Elles sont au nombre de *deux* : les mesures de *solidité* proprement dites, et celles qui sont employées pour le bois de chauffage.

1° *Mesures ds solidité proprement dites.*

L'unité principale des premières est le mètre cube, c'est-à-dire un mètre sur chaque face. On l'emploie pour évaluer les travaux de maçonnerie, les tas de pierres et de sable pour construction et remblais, etc., et très-souvent pour la mesure des bois de construction.

Les multiples du mètre cube ne sont pas employés, et l'on dit 10 mètres, 100 mètres, 1000 mètres cubes, pour 1 décamètre, 1 hectomètre, 1 myriamètre cubes. Mais ses sous-multiples sont généralement employés. Ainsi, le décimètre, le centimètre, le millimètre cubes sont des solides ayant pour côtés respectifs 1 décimètre, 1 centimètre, 1 millimètre.

Le mètre cube égale donc .... 1000 décimètres cubes,
    ou .... 1.000.000 de centimèt. cubes,
    ou .... 1.000.000.000 de millimètres cubes.
Le décimètre cube égale .... 1.000 centimètres cubes,
    ou .... 1.000.000 de millimètres cubes.

Enfin, le centimètre cube égale 1000 millimètres cubes.

A la simple inspection du mètre et de ses sous-multiples ainsi décomposés, il est facile de reconnaître que l'on peut avoir 999 décimètres cubes sans avoir seulement 1 mètre cube; 999 centimètres cubes sans avoir 1 décimètre cube; 999 millimètres cubes sans avoir un centimètre cube. Il faut, par conséquent, trois chiffres pour chaque décimale que l'on veut exprimer, c'est-à-dire trois pour les dixièmes, trois pour les centièmes, trois pour les millièmes, et dans chaque tranche le premier chiffre représente les centaines, le second les dizaines et le troisième les unités.

Ainsi, le nombre 8 mèt. cubes 724835 se lira 8 mèt. cubes 724 décimètres cubes 835 centimètres cubes. Si les tranches n'étaient pas complètes, c'est-à-dire s'il n'y avait qu'un ou deux chiffres, on les compléterait en ajoutant un zéro, ce qui n'en changerait pas plus la valeur que lorsqu'on ajoute un ou plusieurs zéros à la suite des fractions décimales. Ainsi, le nombre 3^m cubes 78 doit se lire 3^m cubes 780 dixièmes, soit à écrire 7 décimètres cubes, ce sera 0.007; soit encore à écrire 6 millimètres cubes, ce sera 0.000.000.006.

D'après ce qui précède, on voit quelle erreur on commettrait en prenant, 1° un décimètre cube pour un dixième de mètre cube; 2° un centimètre cube pour un centième de mètre cube; 3° un millimètre cube pour un millième de mètre cube. Car, 1° le mètre cube contenant 1.000 décimètres cubes, le dixième du mètre cube contient, par conséquent, 100 décimètres cubes et vaut 100 fois plus;

2° Le mètre cube contenant 1.000.000 de centimètres cubes, le centième du mètre cube contient 10.000 centimètres cubes et vaut 10.000 fois plus;

3° Le mètre cube contenant 1.000.000.000 de millimètres cubes, le millième du mètre cube contient 1.000.000 de millimètres cubes et vaut, par conséquent, 1.000.000 de fois plus.

2° *Mesures employées pour le bois de chauffage.*

Le bois à brûler et quelquefois même le bois de construction s'évaluent en *stère*, mesure le plus ordinairement en bois (pl. III, fig. 33) estimée à un mètre cube. Il n'a qu'un multiple, le *décastère*, et un sous-multiple, le *décistère*, mais la loi tolère le double stère et le demi-décastère.

Le stère est formé d'une sole ou base, de deux montans placés verticalement sur la sole, et de deux contre-fiches appuyant à la fois obliquement, et en dehors, sur la sole et sur les montans, pour tenir ceux-ci dans la position verticale qu'ils abandonneraient étant poussés de dedans en dehors par le bois que l'on veut évaluer.

Dans le stère, les montans ont un mètre de hauteur et sont placés à un mètre de distance quand le bois à évaluer est coupé en bûches d'un mètre de longueur, de manière qu'en multipliant les trois dimensions de longueur, de largeur et de hauteur, on a un mètre cube qui n'est autre chose que le stère. Mais si le bois en question est plus long ou plus court, on est obligé de changer la forme du stère. Par exemple, à Paris, la longueur des bûches de bois à brûler est de 1ᵐ 14ᵈ. On donne aux montans une hauteur que l'on trouve, pour tous les cas, en divisant l'unité par la longueur des bûches. Ici la hauteur devra être de o.877 à un millième près, car la base 1, la hauteur o.877 et la longueur 1.14 étant multipliées, donnent 1 $\times$ 1.14 $\times$ o877 $=$ 1.

Dans le stère, la sole ayant 1 mètre entre les montans, il est évident qu'elle en aura 2 dans le double stère, et les montans seront seulement de 1 mèt. Dans le demi-décastère, la sole a ordinairement 3 mètres, et les montans 1ᵐ 667.

Le bois destiné à la construction des radeaux, des charpentes, etc., ne se mesurant pas au stère, s'évalue par le calcul. Soit, par exemple, une poutre de

> 10 mètres 5 décimètres de longueur,
> o   6o centimètres de largeur,
> o   345 millimètres d'épaisseur.

En multipliant les trois dimensions l'une par l'autre, on a

$$10.5 \times 0.60 \times 0.345 = 2.1735,$$

c'est-à-dire 2 stères 1 décistère 3/4 environ.

REMARQUE. Si, comme dans presque toutes les pièces de bois à évaluer, les deux extrémités n'étaient pas égales; que, par exemple, sur une longueur de 15 mètres on eût en largeur o.75 centim. en tête et seulement o.6o centim. en queue, ce ne serait point une difficulté, car on prendrait la moyenne entre ces deux quantités, c'est-à-dire o.75 + o.6o : 2 $=$ o.675. Il en serait de même si l'épaisseur n'était pas partout la même : on prendrait encore la moyenne, et l'on calculerait de la même manière que dans l'exemple précédent.

Le bois de chauffage s'évaluait autrefois en corde des eaux et forêts qui valait 112 pieds cubes. La demi-corde portait le nom de *voie*. Le bois de construction s'évaluait en solive de 3 pieds cubes.

CHAPITRE IV.

Mesures de capacité.

Les mesures de capacité sont celles qui sont employées au mesurage des liquides et des matières sèches.

Sous le nom de *litre*, le décimètre cube est l'unité principale des mesures de capacité; c'est un vase cylindrique ayant une hauteur double de son diamètre; cependant dans la pratique, fait en verre, on le transforme en bouteille.

Les mesures effectives de cette espèce sont l'*hectolitre* (pl. II, fig. 17), le *décalitre* (pl. II, fig. 20), le *litre* (pl. II, fig. 23), le *décilitre* (pl. II, fig. 26) et le *centilitre* ajouté à cette série par ordonnance ministérielle postérieure à celle de 1839. Mais la loi tolère les doubles et les moitiés de ces mesures toutes représentées dans la planche II.

Pour les liquides, les mesures effectives sont le litre, le double-litre et au-dessous, corps cylindriques en cuivre et en étain (1), ayant, comme nous l'avons dit, une hauteur double de leur diamètre, et une contenance égale à celle d'un décimètre cube (Voy. pl. II, fig. 1—10). Pour le lait les mesures sont en fer-blanc, depuis le double-litre jusqu'au décilitre, de forme cylindrique, ayant le diamètre intérieur égal à leur hauteur, et munies d'une anse ou crochet portant leur nom. Sur les bords sont deux gouttes d'étain pour recevoir le poinçon du vérificateur (Voy. pl. II, fig. 11—16).

Pour les matières sèches, le litre est un vase cylindrique en bois dont la hauteur égale le diamètre, ayant aussi la même capacité que le décimètre cube. Ces mesures, composées de doubles et de demies, comprennent la série entière des fig. 17—27, pl. II.

Les multiples et sous-multiples du litre sont :

le myrialitre = 10.000 litres.

---

(1) La proportion de l'étain qui entre dans la composition de ces mesures est des 835 millièmes de leur poids, avec tolérance de 15 millièmes en plus ou en moins. Ainsi l'étain y est toujours au moins de 0.82, et l'alliage-plomb de 0.18.

(30)

le kilolitre	= 1000 litres.
l'hectolitre	100 *id.*
le décalitre	10 *id.*
le litre	1 *id.*
le décilitre	10ᵉ partie du litre.
le centilitre	100ᵉ *id.*
le millilitre	1000ᵉ *id.*

Les deux premières expressions et la dernière ne sont que des mesures de compte, les deux premières étant trop grandes et la dernière trop petite.

On peut prendre indifféremment pour point de départ l'hectolitre, le décalitre, le litre, le décilitre, etc.; alors il n'y a pas la moindre difficulté pour l'appréciation des décimales, c'est-à-dire que si l'on prend l'hectolitre pour unité principale, le premier chiffre décimal exprimera les décalitres, le second les litres, le troisième les décilitres, etc. Mais si l'on prend le décalitre pour unité principale, le premier chiffre décimal exprimera les litres, le second les décilitres, etc. Par exemple : 4 hectolitres 3, se liront 4 hectolitres 3 décalitres ou 43 décalitres; 12 décalitres 37 égalent 12 décalitres 3 litres 7 décilitres ou 37/100 de décalitre, car les unités croissant ou décroissant de dix en dix, expriment un rapport dix fois, cent fois.... plus faible que le nombre pris pour unité de départ. Le mètre cube contenant mille décimètres cubes, contient par conséquent mille litres ou un kilolitre. On le prend pour point de départ dans les grandes opérations, et alors le premier chiffre décimal exprime les hectolitres, etc.

Mesures effectives pour les matières sèches,
d'après l'ordonnance royale du 16 juin 1839.

Ces mesures sont formées en une éclisse de chêne ou en métal, c'est-à-dire en une feuille recourbée sur elle-même et fixée par des clous. Depuis et compris le double-décalitre jusqu'à l'hectolitre, elles sont ferrées d'une feuille de tôle rabattue sur les bords pour en prévenir l'usure par le frottement. Bien que, d'après les ordonnances, ces mesures doivent être construites en bois, la loi tolère la fabrication de celles qui sont en métal, pourvu, toutefois, que la matière dont elles sont formées n'offre rien de dangereux à l'alimentation.

Ces mesures ont la forme cylindrique, avec une hauteur égale à celle du diamètre intérieur. Si elles sont garnies intérieurement de potences, leur hauteur doit être augmentée proportionnellement, pour que leur contenance soit invariablement la même. Sur leur face extérieure, elles portent leur nom et celui du fabricant ou sa marque. La série de ces mesures en comprend onze (Voy. pl. II, fig. 17—27) qui ont les dimensions du tableau suivant.

Tableau des dimensions des mesures de capacité pour les matières sèches.

NOMS.	HAUTEUR et DIAMÈTRE.	
	millimètres.	dixièmes.
Hectolitre.	503	1
Demi-hectolitre.	399	3
Double-décalitre	294	2
Décalitre	233	8
Demi-décalitre	185	3
Double-litre	136	6
Litre	108	4
Demi-litre	86	0
Double-décilitre	63.	4
Décilitre	50	3
Demi-décilitre	39	9

Nota. On peut avoir besoin d'évaluer la contenance des mesures cylin-

Mesures effectives pour les liquides.

Il y a dans le commerce vingt et une mesures pour les liquides, comprenant trois séries, divisées ainsi qu'il suit : 1° celles qui sont en cuivre, en fonte, en tôle, au nombre de cinq ; 2° celles qui sont exclusivement en étain, au nombre de huit ; 3° celles qui sont en fer-blanc, destinées au mesurage de l'huile et du lait, au nombre de huit également.

Ces trois séries ont les dimensions exposées dans les trois tableaux suivans.

---

driques. Voici le procédé suivi à cet effet et basé sur les notions élémentaires de géométrie :

La contenance d'un corps cylindrique régulier s'obtient par cette formule abrégée R^2H qui signifie : le rapport de la circonférence au diamètre multiplié par le carré du rayon, et le produit multiplié encore par la hauteur. Le rapport de la circonférence au diamètre est représenté par , initiale du mot grec *périphéréia* qui signifie *circonférence*. Ce rapport, compris dans les nombres irrationnels, et qui a fait le désespoir des géomètres de tous temps, a été trouvé de 3.14159 ; mais, quand on recherche un grand degré de précision, on adopte de préférence celui de Métius, exprimé par le nombre fractionnaire 355/113. Puisque la capacité d'un décimètre cube égale 1 litre, et que la hauteur est égale au diamètre, le rayon étant exprimé par R, la hauteur 2 R, la contenance sera 355/113 $\times$ R^2 $\times$ 2 R $=$ 1 décimètre cube. Maintenant, pour dégager la valeur de R, la seule inconnue, on renverse le rapport dont on multiplie le dénominateur par le diamètre ou 2 rayons, et la racine cubique de ce nombre donne la valeur de R. Ainsi, R $= \sqrt[3]{(113/355 \times 2 = 0.079577464)}$ $= 0.5419$ décimètre. Le diamètre étant double du rayon, sera, ainsi que la hauteur, 1.0838 décimètre.

Pour les cylindres dans lesquels la hauteur est double du diamètre, le litre par exemple, le rayon étant représenté par R, la hauteur est 4 R, parce que déjà le diamètre est 2 R. La formule est absolument la même, et l'on a : 355/113 $\times$ R^2 $\times$ 4 R $=$ 1, et pour avoir la valeur de R, on a $\sqrt[3]{(113/355 \times 4 = 0.079577464)}$ $= 0.4309$ décimètre $=$ R. Le diamètre étant double du rayon, sera 1.8618, et la hauteur double du diamètre sera 1.7236 décimètre. — Ainsi des autres.

1re Série : *Mesures de capacité en cuivre, en fonte, en tôle, pour les liquides.*

NOMS DES MESURES.	DIMENSIONS INTÉRIEURES.	
	millimètres.	dixièmes.
Hectolitre	503	1
Demi-hectolitre	399	3
Double-décalitre	294	2
Décalitre	233	5
Demi-décalitre	185	3

2° Série : *Mesures de capacité en étain pour les liquides.*

NOMS des MESURES.	PROFON-DEUR inté-rieure.	DIA-MÈTRE inté-rieur.	POIDS DES MESURES EN GRAMMES.			ERREUR tolé-rable en plus.	CONTE-NANCE d'eau.
			sans anse ni couvercle.	avec anse sans couvercle.	avec anse et couvercle.		
	millim.	millim.				gramm.	gramm.
Double-litre . .	216.7	108.4	1.350	1.700	2.200	3	2.000
Litre.	172	86	900	1.100	1.350	2	1.000
Demi-litre . . .	136.6	68.3	525	630	820	1.5	500
Double-décilit.	100.6	50.3	280	335	420	1	200
Décilitre	79.9	39.9	145	180	240	0.6	100
Demi-décilitre .	63.4	31.7	85	110	140	0.4	50
Double-centilit.	46.7	23.4	45	60	85	0.3	20
Centilitre . . .	37.1	18.5	25	35	50	0.2	10

3ᵉ Série : *Mesures de capacité en fer-blanc pour le lait
et pour l'huile.*

NOMS des MESURES.	HAU- TEUR et dia- mètre.	CONTE- NANCE en gram- mes.	ERREUR tolé- rable en plus.
	millim.	gramm.	gramm.
Double-litre. . . .	136.6	2000	4
Litre	108.4	1000	3
Demi-litre.	86	500	2
Double-décilitre. .	63.4	200	1.5
Décilitre.	50.3	100	1
Demi-décilitre. . .	39.9	50	0.6
Double-centilitre. .	29.5	20	0.4
Centilitre	23.4	10	0.3

Ces trois séries de mesures, représentées à la planche II, ont été créées par ordonnance ministérielle contre-signée *Cunin-Gridaine*, sous la date du 19 décembre 1839.

Les mesures pour le lait vont, depuis et compris le double-litre, jusqu'au demi-litre.

Celles qui sont affectées au mesurage de l'huile comprennent le litre et ses sous-multiples, et sont toutes marquées de la lettre M pour l'huile à manger, et de la lettre B pour l'huile à brûler.

Appendice au Chapitre IV.

Les anciennes mesures pour les matières sèches étaient le setier, le boisseau et le litron de Paris. Celles que l'on employait pour les liquides étaient le muid, la velte, la pinte et la chopine.

Rattachons d'abord les premières au nouveau système.

1° Le setier valait 12 boisseaux, et le boisseau 16 litrons. Le setier valait 7869.36 pouces cubes, le boisseau 655.78

pouces cubes, et le litron 40.98 pouces cubes. Réduisant chacune de ces mesures anciennes en nouvelles, en les multipliant par 0.00019814, valeur du pouce cube en mètre cube (voyez page 23), on trouve ainsi que le setier vaut 156 décimètres cubes, et par conséquent 156 litres; le boisseau en vaut 13, et le litron 0.8.

2° Le muid valait 36 veltes, la velte valait 8 pintes et la pinte 2 chopines.

Le muid valait aussi 13621.60 pouces cubes ou 270 litres, en réduisant comme ci-dessus par la fraction 0.0000198.

La velte valait 375.60 pouces cubes ou 7 litres.

La pinte valait 46.95 pouces cubes ou 9/10 de litre.

La chopine valait 23.47 pouces cubes ou 45/100 de litre.

A ces mesures il faut encore ajouter le baral, qui valait 7 veltes 1/2 ou 52 litres.

CHAPITRE V.
Mesures de poids.

L'unité principale des mesures de poids est le *gramme*, poids d'un centimètre cube d'eau distillée pesée dans le vide à son maximum de densité, c'est-à-dire à 4° au-dessus de zéro du thermomètre centigrade (1).

---

(1) Les expressions *dans le vide, maximum de densité*, ont besoin de quelques explications; j'ai vu des élèves savoir ces mots et n'en pas comprendre la portée.

Dans le vide : Le globe terrestre étant environné d'une colonne d'air atmosphérique de 6 à 8 myriamètres de hauteur, cette colonne agit sur tous les corps, dans tous les sens, et l'on conçoit que plus ils sont bas placés, plus cette pression devient considérable, attendu que la couche d'air la plus élevée appuie de tout son poids sur la couche immédiatement inférieure; celle-ci, à son tour, transmet à la troisième son propre poids, plus celui de la première, ainsi de suite jusqu'à la dernière. Cette pression, qui est nulle ou insensible en apparence, est néanmoins si considérable, qu'un homme de taille ordinaire, présentant à l'air une surface de 1.63 mètre carré, supporte un poids de 16.000 kilogrammes environ, balancé par l'air intérieur qui lui oppose une égale résistance. Ainsi, sur les bords de l'Océan, le mercure monte dans le tube barométrique à une hauteur comprise entre 0.^m7669 — 0.7496, tandis qu'au sommet du Grand-Saint-Bernard, à 3438 mètres plus haut, cette hauteur de la colonne barométrique n'est plus que de 0.57 centimètres. On conçoit donc qu'un centi-

Les multiples et sous-multiples du gramme sont :

Le myriagramme = 10.000 grammes.
Le kilogramme = 1000 *idem.*
L'hectogramme = 100 *idem.*
Le décagramme = 10 *idem.*
Le gramme = unité.
Le décigramme = 10ᵉ partie du gramme.
Le centigramme = 100ᵉ *idem.*
Le milligramme = 1000ᵉ *idem.*

Cette série de poids suffit à tous les besoins du commerce, et l'on s'arrête au centigramme, parce que le milligramme fait à peine osciller la balance la plus sensible.

Pour les fortes pesées, on emploie le quintal métrique de cent kilog. et le tonneau de mer qui pèse mille kilog.; on les détermine par des leviers, ou par le volume des marchandises à peser, car ils ne sont pas mesures effectives de poids.

---

mètre cube d'eau pesée à Genève n'aurait plus le même poids qu'à Marseille, par exemple. C'est donc pour que l'action de l'air ambiant soit nulle que l'on fait l'opération *dans le vide.* Cependant il ne faut pas prendre à la lettre cette manière de parler, car ce n'est pas, tant s'en faut, sous le récipient d'une machine pneumatique que l'on fait cette opération, mais sachant qu'un corps plongé dans un liquide ou dans un fluide quelconque perd de son poids une quantité égale au volume d'eau ou d'air qu'il déplace, on tient compte, dans la pesée, du volume d'air que déplace un centimètre cube d'eau, sachant d'ailleurs qu'un litre d'air atmosphérique pèse 1 gramme 2991.

Maximum de densité : Chacun sait que les corps éprouvent des variations de volume dues à la température du milieu dans lequel ils sont placés. Généralement la chaleur dilate leurs molécules, et le froid les contracte ; c'est-à-dire, dans le premier cas, qu'ils augmentent de volume, et que, dans le second, ils diminuent de volume en se rétrécissant. Cependant l'eau fait exception à cette loi presque générale : dilatée par la chaleur, elle l'est aussi par le froid. Sous le même poids elle diminue de volume jusqu'à 4° au-dessus de zéro, soit qu'elle vienne de l'extrême chaleur, ou de l'extrême froid. Parvenue à ce degré, elle est à sa plus grande densité, c'est-à-dire épaisse, ses molécules très-resserrées, et son volume augmente immédiatement après le changement de cette température, soit qu'on la fasse chauffer, soit qu'on la fasse congeler. Voilà donc pourquoi on l'a prise à ce degré, et de plus, on a pris de l'eau *pure,* c'est-à-dire sans mélange de matières terreuses, salines, etc., qui sont en dissolution dans l'eau ordinaire, parce que ces matières hétérogènes n'obéissent pas également à la même loi de dilatation et de contraction.

Dans les pesées ordinaires, le kilogramme est pris pour unité principale : alors le premier chiffre décimal qui vient après exprime les hectogrammes, le second les décagrammes, le troisième les grammes, etc. Mais pour le poids des matières précieuses, telles que l'or, l'argent, les pierreries, le platine, etc., on prend pour unité principale le *gramme.* Alors le premier chiffre décimal exprime les décigrammes, le second les centigrammes, etc.

On distingue trois séries de poids : la première, sous le nom de *gros poids*, comprend le kilogramme et au-dessus; la seconde, sous le nom de *poids moyens*, va du 1/2 kilogramme au gramme; la troisième, sous le nom de *petits poids*, comprend tous les poids au-dessous du gramme.

Chacune de ces séries embrassant trois ordres de grandeur, embrasse aussi une tranche de trois chiffres. On dira donc 317 tonneaux, 617 kilogr., 816 gram., 930 milligram.

Les poids de la première série sont en fonte de fer. Ceux de cinquante et vingt kilogrammes sont de forme rectangulaire et arrondis sur les bords (pl. III, fig. 1 et 2).

Ceux de la seconde série sont également en fonte de fer ou de cuivre. Les premiers ont la forme d'une pyramide tronquée à base hexagonale, au nombre de sept (pl. III, fig. 3—9). En les empilant, moins les doubles, on obtient une pyramide hexagonale dont la hauteur serait triple du diamètre de la base si cette pyramide était complète, et cette base étant de 0.18 centimètres, la hauteur serait $0.18 \times 3 = 0.54$. Ces sept poids sont creux au plan de la face inférieure, et leur cavité reçoit du plomb fondu en quantité suffisante pour préciser leur pesanteur.

Ceux en cuivre ont une forme cylindrique, et sont surmontés d'un bouton d'une hauteur égale à la moitié de leur volume; ils sont au nombre de quatorze (pl. III, fig. 10—23).

Les poids de la troisième série sont en platine, en argent ou en cuivre jaune, ayant la forme de plaques carrées minces, et un des angles relevé pour donner prise aux pincettes dont on se sert pour les saisir. Ils sont au nombre de neuf (pl. III, fig. 24—32).

La construction de ces poids est difficile, et ils sont peu précis. Les poids filiformes, c'est-à-dire formés par un cylindre d'égal diamètre, seraient préférables, car il n'y aurait plus qu'à en déterminer la longueur.

Poids en fonte. — Pyramide tronquée rectangulaire.

NOMS des POIDS.	ABRÉVIA-TIONS indiquées sur leur face extérieure.	ER-REURS tolé-rables.	HAU-TEUR ou épais-seur.	BASE.		FACE SUPÉRIEURE.		ANNEAU.	
				lon-gueur.	lar-geur.	lon-gueur.	lar-geur.	dia-mètre inté-rieur.	épais-seur du fer.
		gram.	millim.	millim.	millim.	millim.	millim.	mill.	mill.
50 kilog.	50 kilog.	20	136	318	210	288	181	86	20
20 kilog.	20 kilog.	10	100	245	157	221	133	65	11

Poids en fer. — Pyramide tronquée hexagonale.

NOMS des POIDS.	ABRÉVIA-TIONS indiquées sur la face supérieure.	ER-REURS tolé-rables.	HAU-TEUR ou épais-seur.	RAYON ou côté de l'hexagone		ANNEAU.	
				base.	face supé-rieure	dia-mètre inté-rieur.	épais-seur du fer.
		gram.	mill.	millim.	mill.	mill.	mill.
10 kilogram.	10 kilog.	6	82	89	82	63	10
5 kilogram.	5 kilog.	4	66	79	66	55	8
double-kilog.	2 kilog.	2	48	53	48	39	6
kilogramme.	1 kilog.	1	39	42	39	31	5
demi – kilog.	demi-kilog. 5 hectog.	0.5	31	34	31	24	4
double-hectog	2 hectog.	0.3	23	26	23	18	3
hectogram..	1 hectog.	0.2	18	20	18	15	2.5
demi-hectog.	demi-hect.	0.4	14	15.5	14	12	2

Chaque poids de ce tableau est formé de trois parties distinctes : le corps du poids, le lacet et l'anneau. Le corps du poids est une masse en forme de pyramide tronquée à base quadrangulaire ou hexagonale, suivant la série dont il fait partie. Le lacet est une espèce d'écrou fixé au milieu du poids, surmonté d'une boucle (A, pl. III, fig. 1) dans laquelle passe l'anneau qui s'emboîte dans une rainure circulaire, et qui peut décrire une demi-circonférence (B pl. III, fig. 1) à droite et à gauche du lacet.

Poids en cuivre jaune et fondu (massifs ou ayant du plomb dans l'intérieur, mais présentant toujours le même volume).

NOMS des POIDS.	DÉNOMINA-TIONS appliquées sur la surface extérieure.	HAUTEUR et dia-mètre du cylindre	HAU-TEUR du bou-ton.	HAU-TEUR totale du poids.	DIA-MÈTRE du bou-ton.	DIA-MÈTRE de la base du bou-ton.	ÉPAIS-SEUR du cylin-dre des poids creux.	ER-REURS tolé-rables en plus.
		millimèt.	millim.	millim.	millim.	millim.	millim.	centigr.
20 kilogram....	20 kilog.	142	71	213	80	96	8	150
10 kilogram....	10 kilog.	114	57	171	60	76	7	80
5 kilogram.....	5 kilog.	90	45	135	46	60	6	50
Double-kilog..	2 kilog.	66	33	99	37	42	5	25
Kilogramme...	1 kilog.	52	26	78	27	32	4	15
Demi-kilogr...	500 gram.	42	21	63	22	27	3.5	10
Double-hectog	200 gram.	32	16	48	16	20	3	5
Hectogram....	100 gram.	25	12.5	37.5	12	15	»	3
Demi-hectog..	50 gram.	20	10	30	9	11	»	2.5
Double-décag.	20 gram.	14	7	21	6	8	»	2
Décagramme..	10 gram.	11	5.5	16.5	5	6	»	1.5
Demi-décagr..	5 gram.	9	4.5	13.5	4	5	»	1
		dia-mètr. | hau-teur						
Double-gram..	2 gram.	8 | 4	4	8	3.5	4.5	»	0.4
Gramme.......	1 gram.	7 | 2.25	3	6	3	4	»	0.2
		côté du carré en millimètres.				Voir tous ces poids pl. III.		
Demi-gram....	5 décig.	15						
Double-décig..	2 décig.	12						
Décigramme..	1 décig.	10						
Demi-décigr...	5 centig.	9						
Double-centig.	2 c. g.	7						
Centigramme.	1 c. g.	6						
Demi-centig...	5 m. g.	5						
Double-millig.	2 m. g.	4						
Milligramme..	1 m. g.	3.3						

Les poids cylindriques en cuivre, à bouton sont massifs ou contiennent du plomb coulé dans leur intérieur, afin de leur donner à volonté la précision convenable. On construit aussi des poids en cuivre d'un kilogramme et au-dessous en forme de godets coniques s'empilant dans une boîte qui est elle-même un poids légal (pl. III, fig. 34, 35, 36). Le couvercle de la boîte est ajusté en drageoir et fixé par une charnière formée de trois charnons soudés au cuivre (fig. 36). La dénomination du poids est inscrite sur la face intérieure du couvercle, ainsi que la marque du fabricant.

Dans chaque bureau de vérification est déposé un modèle de ces poids.

Le gramme ayant été trop petit pour servir d'étalon, le kilogramme est devenu unité prototype des mesures de poids. Celui qui est déposé aux archives du royaume est en platine, de forme cylindrique, ayant une hauteur égale à son diamètre, c'est-à-dire 39 millimètres 55 centimillimètres. Le gouvernement, au lieu de faire connaître la densité précise de ce kilogramme, le régulateur de toutes les mesures de poids, l'a portée *approximativement* à 21, celle de l'eau étant prise pour unité. Cet oubli, involontaire sans doute, n'en a pas moins causé de si graves erreurs, que le gouvernement lui-même serait fort embarrassé de savoir où prendre le véritable étalon des mesures de poids, entre celui dont il vient d'être parlé, et celui du ministère de l'intérieur, poids cylindrique en cuivre à bouton, qui a servi à la construction de ceux du bureau central de Paris et des hôtels des monnaies, comme étant le régulateur des poids du commerce. Un habile physicien, M. Saigey, les ayant contrôlés, a trouvé celui de la monnaie de 64 milligrammes trop fort, et celui du bureau central de 13 centigrammes ! On conçoit, d'après cela, ce qu'il y a de difficultés à vaincre pour obtenir la précision mathématique que demandent certaines opérations. Au reste, ce n'est pas à Paris seulement que cette anomalie se fait remarquer : j'ai vu à Lyon et à Valence, dûment poinçonnés par les agens spéciaux de l'état, des mètres en bois, servant au mesurage des étoffes, en erreur de 8 millimètres et plus !

Au lieu de faire établir pour chaque mesure un étalon qui en servît de régulateur, le gouvernement s'est contenté d'en établir deux seulement, le *kilogramme* et le *mètre*, tous deux en platine. Le premier, ne portant aucune inscription, est enfermé dans une boîte sur la face extérieure de laquelle est écrit le mot *kilogramme*, et cette boîte, fermée à clef, est déposée aux archives, dans un coffret qui est lui-même fermé à quatre clefs. On a pris les mêmes précautions pour la conservation du mètre-étalon, ce qui n'a pas empêché le pan d'habit d'un maladroit visiteur de le précipiter par terre un jour de vérification.

De la Balance.

La balance est le complément nécessaire des poids ; ils ne sauraient aller séparément. Destinée à l'évaluation des poids, la balance se compose de trois parties principales, la colonne, les bassins et le fléau (pl. III, fig. 38).

Les bonnes balances, sensibles à un milligramme, réunissent les conditions suivantes : les trois couteaux du fléau, celui du centre de suspension qui repose sur le milieu de la colonne et dont le tranchant est tourné vers le bas, et les deux des extrémités dont le tranchant est tourné en sens inverse, doivent être dans un plan parfaitement horizontal. Les deux bras du fléau étant nécessairement égaux, le fléau se tient naturellement dans une position horizontale, et quand on l'en détourne, il y est ramené par une suite d'oscillations isochrones que l'on peut compter, au besoin, par le moyen d'un arc de cercle fixé au sommet de la colonne, et parcouru par une aiguille fixée verticalement au milieu du fléau. Le centre de gravité doit être un peu au-dessous du centre de suspension. La balance est d'autant plus sensible que les oscillations du fléau sont plus lentes et plus uniformes, et elle est en complet équilibre, quand en multipliant chaque bras par le poids correspondant on a le même produit.

Les instrumens de pesage sont au nombre de trois :

1° Les balances à bras égaux ou de comptoir; elles sont oscillantes et sensibles aux deux millièmes du poids d'une portée;

2° Les balances à bascules; elles sont aussi oscillantes et sensibles au millième du poids de leur portée. Elles donnent le poids de un à dix kilogrammes au-dessous de cent kilogrammes;

3° Les romaines, également oscillantes et sensibles aux cinq centièmes d'une portée.

Nous ne parlerons pas de plusieurs autres instrumens de pesage autrefois fort en usage, la loi les ayant, avec raison, frappés d'une complète interdiction.

Appendice au Chapitre V.

L'unité fondamentale des anciens poids était la livre, qui se divisait en deux marcs, le marc en huit onces, l'once en huit gros, le gros en septante-deux grains; d'où il suit que 1 livre valait 2 marcs,

ou 16 onces,

ou 128 gros,

ou 9216 grains.

Tableau des anciennes Mesures de poids en nouvelles.

	grammes.	kilogrammes.
1 livre . . .	489.51	0.48951
1 marc . . .	244.775	0.244775
1 once . . .	30.5945	0.0305945
1 gros . . .	3.8218	0.0038218
1 grain . . .	0.05308	0.0000530

	livres	onc.	gros.	grains.
1 gramme . . .	0	0	0	19
1 kilogramme.	2	0	5	35.15

Le kilogramme actuel valant 18827.15 grains, ce nombre donne facilement le rapport des anciennes mesures en nouvelles *et vice versâ.* En effet, si l'on divise 9216 grains, valeur de la livre, par 18827.15 grains, valeur du kilogramme, le quotient 0.48950584̄7 kilogramme donne la valeur de la livre en kilogramme. En faisant une opération inverse, c'est-à-dire en divisant 18827.15 par 9216, le quotient 2.04287651̄9 livres donne la valeur du kilogramme en livres. Maintenant si l'on veut convertir les livres en kilogrammes, on les multipliera par 0.4895, et si, au contraire, on veut convertir des kilogrammes en livres, on les multipliera par 2.0428.

C'est ainsi que 9 livres multipliées par 0.4895 = 4.405 kilo.

20 kilogr. multipliés par 2.0428 = 40.856 liv.

Problème. Soit à réduire en kilogrammes 3 liv. 4 onces 8 gros 20 grains.

Solution. Nous voyons dans le tableau ci-dessus que la livre vaut en kilogramme 0.48951, l'once 0.0305, le gros 0.0038, et le grain 0.000053. Pour opérer cette conversion, il faut donc faire une quadruple multiplication, ainsi qu'il suit :

$$
\begin{aligned}
3 \text{ livres} \times 0.48951 &= 1.46853 \\
4 \text{ onces} \times 0.0305 &= 0.1220 \\
8 \text{ gros} \times 0.0038 &= 0.0304 \\
20 \text{ grains} \times 0.000053 &= 0.00106 \\
\hline
&\ \ 1.62199
\end{aligned}
$$

On trouve ainsi 1 kilogr. 6 hectogr. 2 décagr. 1 gramme 9 décigram. et 9 centigr.

Ou bien encore, ce qui est plus simple, il faut convertir les quantités données en valeur de la plus petite espèce, et multiplier ensuite cette quantité par le rapport de la plus petite espèce d'unité en kilogramme. Par exemple, dans cette question, on réduit 3 liv. 4 onces 8 gros 20 grains en unités de cette dernière espèce, c'est-à-dire en grains, ce qui donne 30528 ; ce nombre multiplié par 0.000053, valeur du grain en kilogramme, donne 1.62199, c'est-à-dire 1 kilog. 61799, produit égal au premier, moins une différence de 4 millièmes, différence qui s'explique par les décimales de kilogramme négligées.

Si, au contraire, on avait des quantités métriques à convertir en anciennes mesures de poids, ce dont on a rarement besoin, on diviserait, au lieu de multiplier, par les mêmes rapports que nous venons d'employer.

CHAPITRE VI.

Des Monnaies.

L'unité fondamentale monétaire est le *franc*, pièce métallique composée de 9/10 d'argent pur et de 1/10 d'alliage de cuivre. Sous un diamètre de 23 millimètres, le franc pèse 5 grammes.

Le franc n'est pas assujéti au nouveau système quant aux multiples *déca*, *hecto*, *kilo*, *myria*, ni aux sous-multiples *déci*, *centi*, *milli*. On dit donc *dix* fr., *cent* fr., *mille* fr., *dix-mille* fr., au lieu de *décafranc*, *hectofranc*, etc. A la place de *décifranc*, *centifranc*, *millifranc*, on dit *décime*, pièce de deux sous en cuivre, et *centime*, petite pièce dont la valeur est le cinquième du sou et le centième du franc. Le *millifranc* n'existe pas.

Les pièces d'argent en circulation aujourd'hui sont au nombre de cinq; savoir :

La pièce de 5 fr. pesant 25 grammes, ayant un diamètre de 0.037 millimètres.

La pièce de 2 fr. pesant 10 grammes, ayant un diamètre de 0.027 millimètres.

La pièce de 1 fr. pesant 5 grammes, ayant un diamètre de 0.023 millimètres.

La pièce de 0.50 c. pesant 2.5 grammes, ayant un diamètre de 0.018 millimètres.

La pièce de 0.25 c. pesant 1.75 grammes, ayant un diamètre de 0.015 millimètres.

La loi sur la matière accorde pour chaque pièce une tolérance ainsi fixée : pour la pièce de 5 fr., les 3 millièmes de son poids; pour les pièces de 2 et de 1 fr., les 5 millièmes;

pour la pièce de 5o c., les 7 millièmes, et enfin pour celle de 25 c., les 10 millièmes.

Les pièces d'or en circulation sont :

La pièce de 4o fr. pesant 12 grammes 9o32, diamètre de o.o26 millimètres.

La pièce de 20 fr. pesant 6 grammes 4516, diamètre de o.o21 millimètres.

La loi accorde pour ces deux pièces une tolérance en plus ou en moins de o.oo2 de leur poids.

Les petites monnaies sont en cuivre, mais leur altération, causée par le frottement, est aujourd'hui si grande qu'elles échappent à toute dimension assignable. Cependant voici le diamètre et le poids qu'on leur donne à la monnaie :

La pièce de 10 cent. pèse 20 grammes, ayant un diamètre de o.o31 millimètres.

La pièce de 5 cent. pèse 10 grammes, ayant un diamètre de o.o27 millimètres.

La pièce de 3 cent. pèse 6 grammes, ayant un diamètre de o.o25 millimètres.

La pièce de 2 cent. pèse 4 grammes, ayant un diamètre de o.o22 millimètres.

La pièce de 1 cent. pèse 2 grammes, ayant un diamètre de o.o18 millimètres.

Avec tolérance en plus seulement de o.o2 de leur poids.

Elles ont été créées par les lois du 24 octobre 1796 et du 17 février 1799. Les pièces de 3 et de 2 centimes, décrétées par la loi du 28 mars 1803, n'ont pas été émises.

Il reste encore en circulation quelques-unes des pièces marquées à l'*N* de l'empereur Napoléon, et créées par la loi du 15 septembre 1809 ; elles pèsent 2 grammes, ont un diamètre de 19 millimètres, au titre de o.2oo, c'est-à-dire o.2oo d'argent et o.8oo de cuivre ; en d'autres termes, 2/10 d'argent et 8/10 de cuivre. On les retire de la circulation à cause des inconvéniens de leur *frai* et de la trop grande facilité de leur contrefaçon ; tolérance : 7 millièmes de leur poids.

Nous avons aussi deux pièces en billon que le gouvernement s'occupe de faire rentrer dans ses caisses, pour les refondre d'après le projet dont les Chambres viennent d'être saisies pendant cette dernière session. Ce sont les pièces de 15 et de 30 sous. Leur usure est telle qu'on ne saurait donner leurs dimensions qu'approximativement.

La pièce de 30 sous pèse 10 grammes 1366; diamètre 0.0285; tolérance 0.0052.

La pièce de 15 sous pèse 5 grammes 0.683; diamètre 0.0223; tolérance 0.0078.

Ces deux pièces sont au titre de 0.667, c'est-à-dire 2/3 d'argent et 1/3 de cuivre. Créées par les lois du 28 juillet et du 18 août 1791, elles n'ont été conservées que pour leur division décimale.

La difficulté d'allier les métaux en une proportion donnée a fait admettre la tolérance dont il vient d'être parlé, afin de rendre la fabrication plus facile et moins dispendieuse. Ainsi, pour l'argent, cette tolérance étant de 3 millièmes en dedans ou en dehors, son titre se trouve compris entre 0.897 et 0.903. Pour les pièces d'or, la tolérance étant de 2 millièmes, leur titre est compris entre 0.902 et 0.898. Les expériences de Cavendish et d'Hotchatt ont démontré que la proportion d'un dixième d'alliage donne au métal plus de dureté, ou le rend plus propre à résister à l'action du *frai*, c'est-à-dire à la diminution de poids par le frottement.

Un kilogramme d'argent au titre de 900/1000 donne quarante pièces de cinq francs. Chaque pièce de cinq francs pèse par conséquent le quarantième de mille grammes, ou vingt-cinq grammes avec tolérance des 3 millièmes du poids.

Un kilogramme d'argent monnayé vaut donc deux cents francs, quoiqu'il ne contienne que 0.900 d'argent pur. Mais s'il est en lingot, il ne vaut réellement que 198 fr., les frais de fabrication étant fixés par la loi du 1ᵉʳ juillet 1835 à deux francs par kilogramme.

Un kilogramme d'or également monnayé au titre de 0.900 donne 155 pièces de vingt francs, ce qui donne pour chaque pièce un poids de $155/1000 = 6$ gr. 45161. Les pièces de 40 fr. ayant une valeur double, pèsent par conséquent

12 gr. 90522. Mais la loi tolère en plus ou en moins les deux millièmes de leur poids, ainsi que nous l'avons déjà vu. En multipliant 155 par 20, on trouve que le kilogramme d'or a une valeur de 3100 fr.; mais il n'a réellement cette valeur que s'il est monnayé, autrement il faut en déduire les frais de fabrication qui, déchet compris, étaient, du 6 juin 1803 au 1ᵉʳ juillet 1835, fixés à 9 fr. par kilogramme d'or, et à 3 fr. par kilogramme d'argent. Depuis le 1ᵉʳ juillet 1835, cette retenue a été fixée à 6 fr. par kilogramme d'or, et à 2 fr. par kilogramme d'argent.

L'or et l'argent monnayés et en lingot ont la valeur du tableau suivant :

Ancien tarif.   (Par le kilog. = 3444 fr. 44 — 9 = 3435 fr. 44.
Or.   { à 0.900 = 3100 fr. 00 — 9 = 3091 fr. 00.
Nouveau tarif. (Par = 3444 fr. 44 — 6 = 3438 fr. 44.
Or.   { à 0.900 = 3100 fr. 00 — 6 = 3094 fr. 00.
Ancien tarif. (Par = 222 fr. 22 — 3 = 219 fr. 22.
Argent.   { à 0.900 = 200 fr. 00 — 3 = 197 fr. 00.
Nouveau tarif. (Par = 222 fr. 22 — 2 = 220 fr. 22.
Argent.   { à 0.900 = 200 fr. 00 — 2 = 198 fr. 00.

Les ouvrages d'argent, tels que les bijoux, les couverts, les boîtes de montres, la vaisselle, etc., sont à deux titres :

Le 1ᵉʳ à 0.950 } avec tolérance des 5 millièm. de leur poids.
Le 2ᵉ à 0.800 }

On voit que les ouvrages fabriqués au premier titre contiennent plus de fin que les pièces monnayées.

Les mêmes ouvrages en or sont à trois titres :

Le 1ᵉʳ est à 0.920)
Le 2ᵉ est à 0.840 } avec tolérance des 3 millièmes.
Le 3ᵉ est à 0.750)

Pour s'y reconnaître, chaque objet d'orfévrerie est marqué de trois poinçons : celui du fabricant, celui du bureau de garantie qui a vérifié le titre, et celui enfin du gouvernement, et les N.ᵒˢ 1—2—3 indiquent les trois titres spécifiés.

Cependant un bijoutier ne peut vendre sa marchandise

au prix indiqué ci-dessus, parce qu'il paie à l'État un droit de contrôle et de subvention converti en patente en 1839 (1).

L'or a une valeur légale de 15 fois et demie celle de l'argent, et de 62 fois celle du billon. Le cuivre vaut 42 fois moins que l'argent, et par conséquent 620 fois moins que l'or. D'où la valeur de l'or est de

> 15 fois celle de l'argent,
> 62 fois celle du billon,
> 620 fois celle du cuivre.

A son tour, l'argent vaut

> 4 fois le billon,
> 40 fois le cuivre.

Enfin, le billon vaut 10 fois le cuivre.

Nous avons vu que les pièces d'argent ont pour diamètre,

> celle de 5 fr. 0.037
> celle de 2 fr. 0.027
> celle de 1 fr. 0.023
> celle de 1/2 fr. 0.018
> celle de 1/4 de fr. 0.015

Au moyen de ces divers diamètres, il est facile d'avoir la longueur du mètre par les proportions suivantes :

Le diamètre d'une pièce est à cette pièce comme le mètre en millimètres est au nombre des pièces qui le produisent. On a donc

> 37 : 1 :: 1000 : x = 27 pièces. — 1 millimètre.
> 27 : 1 :: 1000 : x = 37 p. — 1   *idem.*
> 23 : 1 :: 1000 : x = 43 p. — 1   *idem.*
> 18 : 1 :: 1000 : x = 55 p. — 10   *idem.*
> 15 : 1 :: 1000 : x = 66 p. — 10   *idem.*

Ainsi, il faut 27 pièces de cinq francs alignées à la suite l'une de l'autre pour une longueur d'un mètre moins un millimètre ; il en faut 37 de deux fr., 43 d'un fr., etc.

On peut étendre ces proportions aux pièces d'or. Cepen-

---

(1) Le droit de poinçonnage est dû à l'État à raison de 20 fr. par hectogramme d'or et de 1 fr. par hectogramme d'argent. La subvention est de 1/10 de ce droit.

dant ceci n'est exact que pour les pièces de monnaie frappées en virole pleine et dont les lettres de la légende sur·tranche sont marquées en creux. Depuis 1830, les pièces d'or et celles de cinq francs ont la marque sur tranche en relief, à virole brisée, ce qui augmente sensiblement le diamètre quand les lettres sont l'une contre l'autre. Depuis la même époque, les pièces d'un et de deux francs sont cannelées sur tranche, ce qui modifie encore la proportion, surtout si les cannelures emboîtent comme dans les roues à engrenage.

Valeur des Monnaies au pair et au kilogramme.

La valeur au pair des monnaies est la valeur réelle et intrinsèque d'une pièce quelconque évaluée d'après son titre, son poids et sa valeur, comparés au titre, au poids et à la valeur d'une autre pièce.

Quelle est, par exemple, la valeur du souverain d'Angleterre de 20 schillings évaluée en francs ? On sait que son titre est de 0.917 et son poids 7 gr. 980855. Par conséquent, il contient en matière pure 7 gr. 31844035 $=$ (7 gr. 980855 $\times$ 0.917/100) $=$ 7.31844035.

Notre pièce de 20 fr. est au titre de 0.900 et pèse 6 gr. 45161, et contient en or pur 6 gr. 45161 $\times$ 900/100 ou 5 gr. 806449.

En établissant cette proportion

$$5.806449 : 20 :: 7.31844035 : x.$$
$$x = 25.20 + 79/100.$$

La valeur du souverain d'Angleterre est donc de 25 fr. 20 cent. et environ 3/4 de centime.

Valeur par kilogramme au change des Monnaies.

Règle. *Les valeurs sont proportionnelles aux titres.*

Appliquons cette règle à un exemple.

Nous savons qu'un kilogramme d'argent à 0.900 de fin vaut 198 fr. Quelle sera la valeur d'un kilogramme au titre de 0.800, le second de l'argent ? En établissant la proportion suivante :

900 : 198 :: 800 : x, d'où $x = 176$; on trouve que le kilogramme d'argent au titre de 0.800 vaut 176 fr.

Appendice au Chapitre VI.

La livre tournois, remplaçant autrefois le franc, se divisait en 20 sous, en 80 liards, en 240 deniers ('dix livres valaient une pistole). Le rapport de la livre en franc est exprimé par la fraction 80/81, c'est-à-dire que 80 fr. valent 81 livres. Le franc vaut par conséquent 1/80 de plus que la livre, et si à 240 deniers, valeur de la livre, on ajoute le 1/80 de cette somme = 3, on trouve ainsi que le franc vaut 243 deniers. Maintenant, si l'on divise 243 par 240, le quotient 1.0125 exprime la valeur du franc en livre. En faisant une opération inverse, en divisant 240 par 243, le quotient 0.9876 exprime la valeur de la livre en franc. Ainsi, avec ces deux rapports, la conversion des livres en francs ou des francs en livres devient facile, en multipliant dans le premier cas les livres données par 0.9876, et dans le second en multipliant les francs à réduire par 1.0125.

Soit proposé de réduire en francs 12 liv., on a 12×0.9876 = 10 fr. 8512.

Soit aussi à réduire en livres 215 francs 10 cent., on a 215.10×1.0125 = 217 fr. 78875. Comme cette dernière fraction exprime des parties de livre, on peut la réduire en espèce immédiatement inférieure à la livre, c'est-à-dire en sous, et l'on y parviendra en la multipliant par 20, valeur de la livre en sous : soit donc 0.78875×20 = 15.775 sous. De même aussi, le sou valant 12 deniers, on peut encore réduire cette dernière fraction en deniers en la multipliant par 12 : soit donc 775×12 = 9.3 deniers. Ainsi 215 fr. 10 c. = 217 liv. 15 sous 9 deniers et 3/10 de denier ou un tiers environ.

FIN.

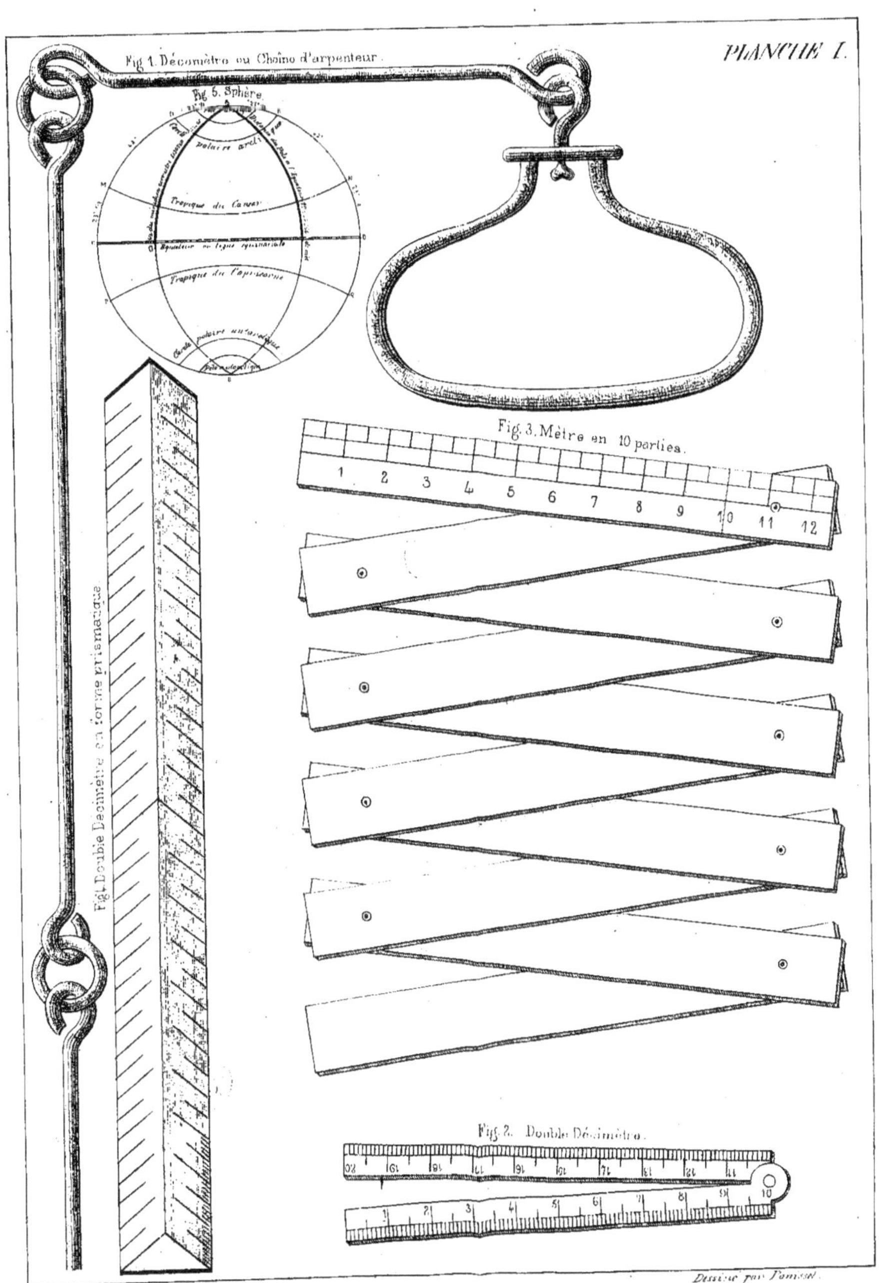

Fig. 1. Décamètre ou Chaîne d'arpenteur.
Fig. 5. Sphère.
Tropique du Cancer
Équateur ou ligne équinoxiale
Tropique du Capricorne
Fig. 4. Double Décimètre en forme prismatique
Fig. 3. Mètre en 10 parties.
1 2 3 4 5 6 7 8 9 10 11 12
Fig. 2. Double Décimètre.
Dessiné par Pomson.

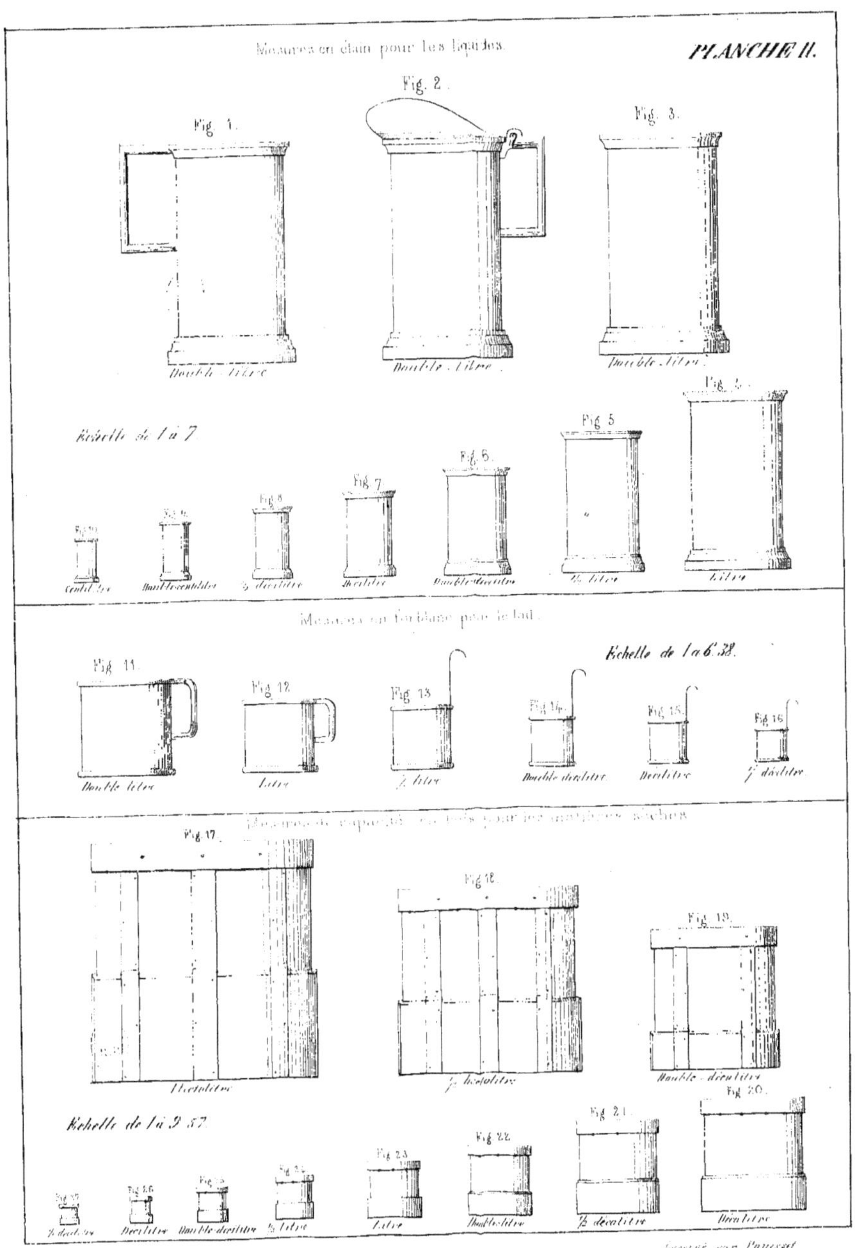

Mesures en étain pour les liquides.
PLANCHE II.
Fig. 1.
Fig. 2.
Fig. 3.
Double litre.
Double litre.
Double litre.
Échelle de 1 à 7
Fig. 4.
Fig. 5.
Fig. 6.
Fig. 7.
Fig. 8.
Fig. 9.
Fig. 10.
Centilitre.
Demi-décilitre.
1/2 décilitre.
Décilitre.
Double décilitre.
1/2 litre.
Litre.
Mesures en ferblanc pour le lait.
Échelle de 1 à 6.38.
Fig. 11.
Fig. 12.
Fig. 13.
Fig. 14.
Fig. 15.
Fig. 16.
Double litre.
Litre.
1/2 litre.
Double décilitre.
Décilitre.
1/2 décilitre.
Mesures de capacité en bois pour les matières sèches.
Fig. 17.
Fig. 18.
Fig. 19.
Décalitre.
1/2 décalitre.
Double décilitre.
Échelle de 1 à 9.57
Fig. 20.
Fig. 21.
Fig. 22.
Fig. 23.
Fig. 24.
Fig. 25.
Fig. 26.
Fig. 27.
1/2 décilitre.
Décilitre.
Double décilitre.
1/2 litre.
Litre.
Double litre.
1/2 décalitre.
Décilitre.
Dessiné par Poussot

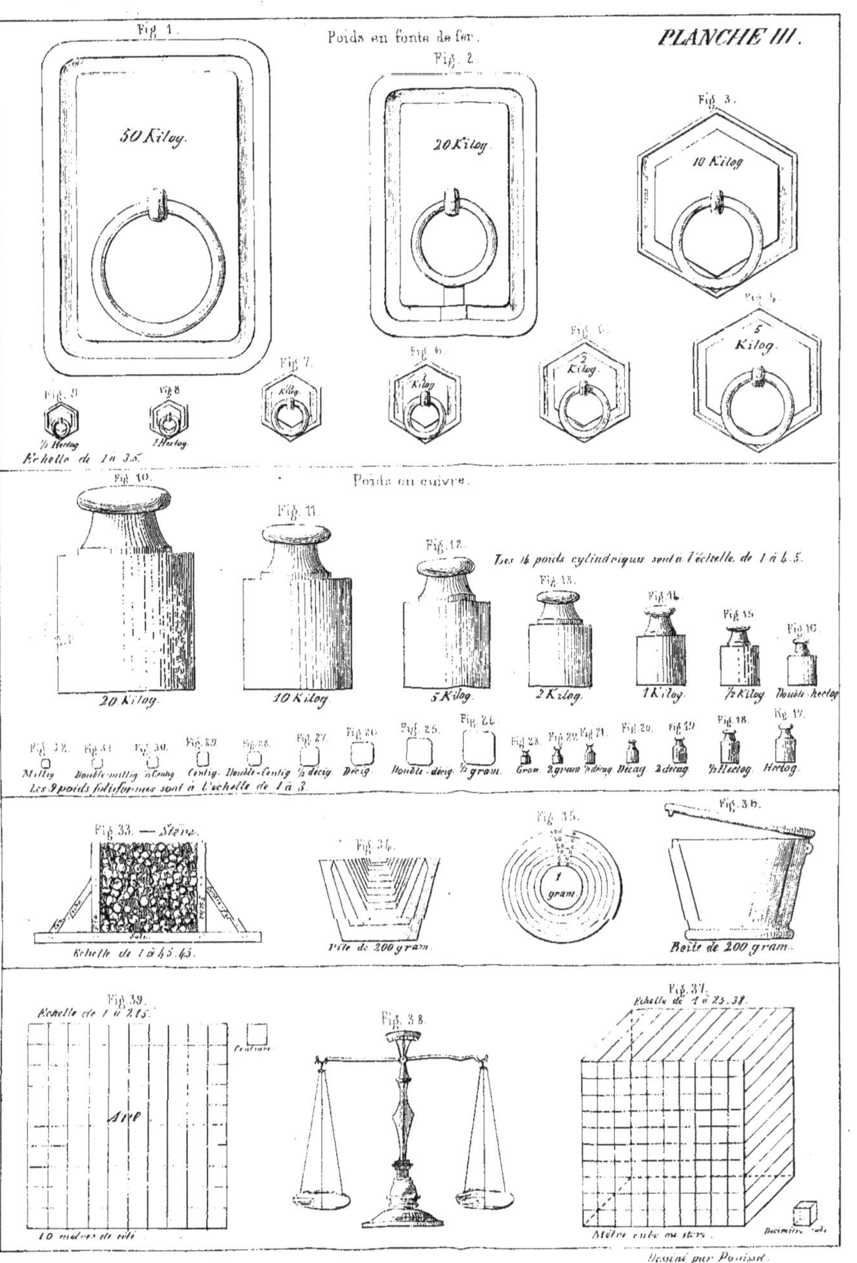